高齡表達性藝術
活動設計與實務
Senior Expressive Arts in Theory and Practice

秦秀蘭
劉冹真 / 著

這是一本所有從事高齡教學、高齡照顧工作夥伴必備的工具書

封面繪畫說明

生命的花朵

　　花朵，憑藉其燦爛的色彩和開放的姿態，一直是長輩們喜愛的題材。它們總能帶來愉快的氣息，喚起內心的喜悅與希望。

　　最初下筆時，並未刻意選擇花卉為主題，只是隨著內心的指引，隨意地放下顏料，刷出線條。隨著每一次的堆疊，花朵逐漸在畫布上綻放。

　　往常在藝術治療的場域，我經常分享，創作中沒有對錯，因為你總能回到畫布前，重新修改，直到自己滿意為止。創作是一個持續探索和成長的過程。

　　然而，隨著與長輩們的深入互動，更加深刻地體會到，創作不僅僅是表達，更是一種賦予生命力量的過程。透過創作，創作的人能看見生命中的可能性，感受到內心深處的活力。

　　一位長輩曾告訴我，隨著身邊朋友的相繼離世，他逐漸對生命失去了盼望。另一位長輩則提到，疼愛她如女兒的大嫂去世後，她感到無比孤單。聽著他們的訴說，我深感同理，卻也意識到，我無法完全理解這種孤寂感。原來單單是「變老」這件事，就已經足以讓人感到失落和迷茫。

　　在這個創作中，我體會到，在最暗淡的時刻，仍然可以如花綻放。凝視內心，專注自我，生命本身便蘊含著無限的力量，而表達性創作正是喚醒這種力量的途徑。

──劉霈真（繪圖）

李 序

　　隨著高齡人口的快速增加，台灣高齡教育已呈現遍地開花的榮景，高齡照顧機構也深切理解，如何加重高齡者的身體與心理健康促進。國立台灣師範大學副校長宋曜廷在今年八月的「中高齡教育政策建議書——邁向精緻的中高齡教育設計」記者會中強調：「教育」是對中高齡者最好的照顧策略。而其中，教師、教材、教法則是有效教學的三個主要面向。本會自民國一百年成立以來，致力於高齡教學專業師資培訓不遺餘力，高齡體適能活動之設計更是不斷用心創作，對國內各類高齡教學品質的提升有一定程度的精進。

　　民國一〇八年本會接受了衛福部之委託承辦「預防及延緩失能照顧方案」，採用研討、實際執行、再研討的方式，不斷創新改進教學方式，增進師資人才訓練課程內容。在這一系列活動訓練過程，本學會秦秀蘭理事是方案精進的核心人物，無論是設計或執行，無不親力親為，值得讚歎。霈真老師致力於高齡社區心理健康教育多年，也有其個人獨到的心得，尤其是表達性藝術治療方面有更多特殊的經驗。

　　本書係以她們二位實際的教學、執行、操作經驗勉力而成，一方面有基本的理論，另外特別重視藝術創作中之引導過程的闡述，如引導過程、引導語詞、引導情緒等的誘介。在今日高齡教育與照顧服務領域，珍貴的教學參考資料是成功的重要因素，本

高齡表達性藝術活動設計與實務

書的出版將為實際工作者提供了一本絕佳水準的參考與指南。

　　康德（Kant）曾說：「經驗者，天下之公器也。」信哉此言。

臺灣新高齡社區健康發展學會
第五屆理事長
李光玉　謹識
2024年10月

自序(一)

　　高齡者逐漸老化的主要心理特徵，除了認知記憶力的改變、專注力下降、自信心不足外，因為催產素不足導致親密感的下降，引發孤獨感、自我孤立，也是很多高齡者無法即時向外求救的重要原因。目前高齡者獨居的比例正逐年上升，自我覺察能力不足、沒有機會表達個人內在情緒，加上無法順利說出自己內在的壓力或不舒服等等，很容易引發憂鬱症，是不容忽視的社會議題。

　　高齡者在生理老化的過程中，對生命死亡的畏懼、失去權力的焦慮、親人離開的失落感等等，都很容易讓高齡者在自己身旁築起一道道高牆，於是經常以自己慣用的情緒回應模式來面對外在的社會、面對他人或自己的子女。即使積極參與外面各種活動，很多高齡夥伴內心仍然處於一種焦慮、沒有希望感的自我察覺狀態，主要是因為高齡者期待「被需求、被尊重」的內在需求並沒有被滿足到。

　　個體「情緒」的產生是為了幫助個體活下去，甚至「活得更好」；但是很多高齡朋友無法適當地察覺自己情緒的高低起伏、喜怒哀樂，只是把自己的情緒擱置或隱藏起來。因此，情緒的自我察覺、情緒的調適，是現代高齡者個人的重要功課，也是高齡教學、高齡照顧服務領域非常重要的一環。期待本書的出版能夠鼓勵高齡教學講師們透過自我表達的藝術引導，協助高齡者覺察

iii

到自己內在的情緒，把這種情緒表達出來，同時理解這些情緒的產生是如何協助我們應付日常生活，也是讓我們可以生活下去的一種本能。

　　正如李宗芹老師進行舞蹈治療教學時所說的：「語言上的同理相對容易，真正的身體、非語文表達的同理，則是非常困難的。」個人從2011年開始教授老人心理輔導實務到現在，十多年來逐漸接觸樂齡領域、長照領域的師資培訓與直接教學，對高齡者身體與心理的老化歷程，以及心理老化後的特質有更深切的理解。因此，十多年來持續以第三波治療（the third wave therapy）的觀點出發，從律動輔療、大腦迴路和腦波振動、曼荼羅彩繪創作、能量律動健康操等，開發很多的單元教學設計。希望這些活動設計能夠提醒所有高齡領域的教學者重視高齡大腦的「可塑性」與「穩定性」二種特質，提醒高齡輔導工作者重視「神經認知科學」對當事人心理健康的重要性。

　　本次能夠與劉霈眞老師合作一起完成《高齡表達性藝術活動設計與實務》，是個人高齡心理輔導教學成長的里程碑。霈眞老師是英國伯明罕城市大學碩士畢業，擁有表達藝術治療師資格，是一位學有專精、又非常有愛心的藝術創作者與教學者。十多年的兒童藝術教育讓霈眞老師累積豐厚的教學實務經驗；這些年來霈眞老師逐漸深入高齡領域，引導社區高齡者透過無數次的創作，找回藝術創作的自信心、享受創作時內心自在的愉悅感，甚至能順暢表達自己內在情緒，因此受到很多高齡者的喜愛。個人非常珍惜與感恩。

　　本書的單元設計包括：視覺創作、肢體舞動、音樂感知、戲劇創作等，但以視覺藝術為核心；期待未來能夠繼續開發更多的

活動類型與單元，為臺灣高齡社會盡一份棉薄之力。心理探究彷彿在人間修行，訪名山攬勝景，永無止境，但願能在高齡心理輔導服務領域往前邁一小步。

　　此外，為了讓第二部分的單元活動設計更豐富、更實用，本書使用多張教學活動照片。感謝每一位參與教學活動的夥伴們，感謝願意分享創作作品的長輩和講師夥伴們。在此一併感恩大家，並祝福大家幸福滿滿！

秦秀蘭 謹識

2024年10月

自序(二)

　　從藝術教育到藝術與健康，再到藝術治療，這是一段漫長而深刻的旅程，標誌著我在藝術對生命影響的探索中不斷前行。

　　在兒童藝術教育的實踐中，我發現孩子們能夠通過繪畫表達情感，這引發了我對這種現象背後關係的好奇。為了更好地理解藝術對人的影響，我選擇進一步深造，探索藝術在健康領域中的作用。在這個領域中，創作如同保健品，讓患者加速康復、重獲活力，而一般大眾藉此提升生活品質，使人們感到更幸福、更健康。

　　為獲取更多助人能力，我踏上了表達性藝術治療的學習之路，並獲得了相關認證。我深刻體會到，每個人都有獨特的需求，透過不同形式的表達性藝術（如舞蹈、戲劇、音樂、視覺藝術等），可以更有效地幫助他們釋放內心的情感，獲得心理上的支持。

　　在這段學習和實踐的旅程中，我有幸與不同年齡層的人們相遇。而年長者如同孩子般，總是認真地向老師學習，但他們又多了一份固執與膽怯，常常擔心自己做得不夠好。除了專業技能，鼓勵與讚美成了我工作的必要之鑰。看到長輩們在不斷地鼓勵下，能夠勇敢嘗試不同的材料和創作方式，深感欣慰。

　　年老並不是一種病，而是生命的一個階段與狀態。透過藝術，幫助長輩整理過去、接納自己，並陪伴他們度過當下的心理狀態。我們並不直接「治療」什麼，卻在表達性藝術創作的過程中，見證了他們的專注、投入，以及創作完成後的喜悅與滿足。

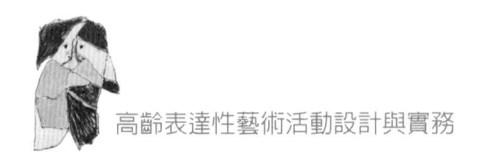

隨著時間的推移，他們對自身能力的認可與自信心的提升愈發明顯，創意也隨之更自由地展現出來。

與其說我給予了長輩們什麼，不如說我從他們身上看到了生命力量的復甦，這種力量反過來也激勵了我。

最後，特別感謝秦老師的寫作邀約，是她引領我走進高齡服務的領域。她的支持讓我不僅在原有的服務族群中有所成長，還得以拓展到新的領域，繼續我的藝術與健康之旅。

劉霈真 謹識

2024年10月

目　錄

李　序　李光玉　i
自序(一)　秦秀蘭　iii
自序(二)　劉濡真　vii

Part 1　高齡表達性藝術的基本概念　1

　　一、表達性藝術與高齡者的身心健康　3
　　二、第三波治療觀點與表達性藝術創作　23
　　三、表達性藝術創作重要理論與引導技巧　46

Part 2　高齡表達性藝術創作教學單元設計　69

　　色彩的流動舞蹈　71
　　點線奇航　78
　　你追我畫　85
　　步步留痕──創意藝術行走　91
　　兩手一起畫　96
　　觸覺之旅──用心感知，用手創造　102
　　鏡子之舞　108
　　人體雕塑　113

視覺新發現　122

情緒鏡頭探索　129

呼吸中的心靈畫境　135

心靈皺紋之美　141

我手畫我身　151

我手畫我心　158

掌中力量的藝術綻放　167

Part 3　可自由搭配的暖身小活動　177

設置我的正向心錨　179

共振擊掌　182

好鼻獅　185

如影隨形　188

觀想力量大　191

我的能量圖像　194

心盛在握　197

啟航之心　圓滿之情　199

參考文獻　203

王寯婷/繪

PART *1*

· · · · · · · · · · · ·

高齡表達性藝術的基本概念

一、表達性藝術與高齡者的身心健康
二、第三波治療觀點與表達性藝術創作
三、表達性藝術創作重要理論與引導技巧

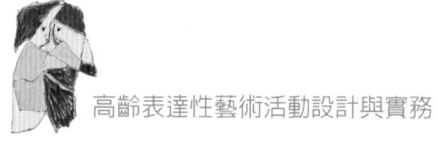

　　表達性藝術創作與人類身心健康之間的緊密關係已受到肯定，也有很多相關的研究報告；然而，目前表達性藝術創作專業師資培養不足，加上相關的教學活動設計參考書籍數量不多，導致社區高齡表達性藝術活動教學在質量上嚴重不足。事實上，任何一位高齡領域教學者都需要認識高齡者身心發展特質，都需要有一些高齡心理健康促進的引導技巧。

　　因此，本書第一部分首先闡述高齡表達性藝術的基本概念，希望協助教學者掌握表達性藝術創作的內涵，以及表達性藝術創作活動對高齡者身心健康的正向影響。

　　第一部分包括：

　　1.表達性藝術與高齡者的身心健康。
　　2.第三波治療觀點與表達性藝術創作。
　　3.表達性藝術創作重要理論與引導技巧。

一、表達性藝術與高齡者的身心健康

(一)從創造力到高齡者的創造性自我表達

◆情緒與創造力

過去的研究多數將「專注力」歸類為一種認知能力,現在則有越來越多的研究則認為專注力是一種情緒狀態。心理學家Eddie Harmon-Jones及其團隊所進行的研究指出,影響一個人注意力廣度的主要因素不是「情緒向性」(emotional valence,如正面或負面的情緒),而是「動機的強度」(motivational intensity)。Roger Beaty所領導的一項神經科學研究也認為:注意力的擴展(broaden)和集中(narrow)兩種能力都是創造力的關鍵要素。具有創意的人通常在掌管聚焦與注意力控制的大腦網絡區域,以及掌管想像與自然發生(spontaneity)有關的大腦網絡兩個區域之間,有較多的連結(摘自Kaufman, 2015)。

正如Weisberg(2010)的研究:影響個體認知功能主要兩個因素應該一個是遺傳,一個是生活形態,其中,生活形態持續對個體的記憶認知模式呈現影響最主要的可以包括:心智刺激、壓力、失落與社會孤立。事實上,已有許多研究提醒我們,高齡者的認知能力是可以被訓練的;透過訓練,高齡者可以集中注意力,正確地發揮自己的作用,以增加自我價值感。

Kaufman的研究也發現,生命如果充滿了熱情與強度,包括人類經驗的完整深度,都有助於創造力的展現。事實上,「情感的

參與度」（affective engagement）是預測藝術創造力的重要指標；相較於智商或智力，個人情緒的整體廣度和深度的開放程度比智商高低，更能預測個體的藝術創造力（Kaufman, 2015）。上述的研究可以瞭解，對於擁有精彩、豐富人生經歷的高齡者而言，只要有適當的引導，燃起他們情感上的強烈參與感，一定可以有精彩、充滿生命力的藝術創作。例如，在練習數位畫作時、手機教學時，很多人把孫子的放大照片帶進來，都是為了提高情感的參與度。

另外，獨創力、流暢力、開放性、變通力、精密力等，都是創造力評量的重要指標；透過藝術開創任何一個形象，都可以展現個人的生命轉化機制。鼓勵成人或高齡者從「注重製作容易獲得成就的目標」，轉而專注於藝術作品中「個人的獨造性成長」；進一步充分表達他們對自己獨一無二的「創作經驗」給予回應；而不是針對「創作成就」反應，可以讓高齡者的藝術創作展現更多的獨創性。藝術工作可以是一種具體方式，讓高齡者可以與其他人分享他們的內在經驗，也可以創造一些潛在的能量，讓他們覺得被人家瞭解了。舉例而言，動手完成一幅家人的手撕畫作，懸掛在客廳裏，就能引發很多的家人對話、互動；這是一種快樂和持久性的成就感，也是高齡者完成個人「創造性使命」（creative mission）的好方法。

此外還有最近幾年受到重視的高齡生命繪本故事導讀，過去繪本多數用在兒童階段，透過教師精彩的導讀、透過圖片導入模擬情境，透過「聽故事」可以感受教師在說故事時候的投入與專注態度，讓兒童瞭解故事的精彩、創意、海空天空，以及說故事本身的趣味性。將繪本導入高齡教學時，則需要更多元的設計，

才能配合高齡者豐富的生命經歷，以及彼此間的異質性與個殊性。例如：如何透過繪本觸及喪親之痛、如何透過繪本做認知上的延伸，甚至引發個人回憶人生經歷等等。每一次的故事重新敘說，都可視為個人創造性使命的完成。如果時間允許，能夠把這些重新敘說的故事，轉化成圖像、文字，高齡者的生命便有機會得以擴展、延伸、羽化或昇華。

◆善用情緒的專注力特質，圓滿高齡者的創造性使命

Csikszentmihaly（1999）接續Eric Erikson的理念表示：人到中年確定的使命在於獲致「創造性」，這是指能夠傳遞個人的基因和祕因。前者指的是傳宗接代，後者則是要把個人的理念、價值、知識和技能留給下一代。一個人要是知道自己身後尚有部分東西可以留下來，就較容易面對他的死亡。許多藝術家留給家人或後人的是無價的藝術作品；建築師留給家人的可能是一棟設計精美的建築；至於一般長輩在衡量自己沒有可以「傳之子孫」的不朽作品時，會努力地掙錢，留給後代子孫，也是這種「創造性使命」的心理需求。創造性使命感也被認為是任何一位領導者在創意領域，在個人生活上能夠擴展個人潛能的重要因素。

正因為這種創造性使命感的強烈動機，多數的中高齡者面對學習有一種莫名的壓力，一方面擔心自己的智能退化，在學習上產生挫敗情形；一方面要衡量自己在家族、社會上的使命，因此忽略自己真正想要、真正需要的學習內容。以目前受到高度重視的高齡心靈成長為例，很多高齡心靈成長課程以繪本導讀、口語表達為主要媒介，許多時候確實可以引發參與者的普同感、生命回顧、個人情緒的轉化等；然而，如果沒有個人化的創作，就很

難完成高齡者創造性的使命。

根據筆者的經驗和觀察，願意走出家庭、參與活動的中高齡者，其人格發展的特質通常都較偏向超個人心理學所稱的「真我」的追求者，他們所關心的事務已跳脫「自我」的生理和心理層級，而是追求在個人層級以上的「在乎他人或比自我更大的層次」，但是對於這種「真我的潛能」仍然有所質疑，缺乏信心。因此，中高齡者的課程和學習必須以「創意」為主要內涵，才能引導中高齡者跳脫原有的、被桎梏的心靈，引導他們從察覺真我的存在、掌握真我的潛能，實現真我對宇宙奉獻的生命目標。正如筆者過去多年帶領的讀書會高齡夥伴所說的：「自我的藩籬不再像萬仞高牆一般壓得自己喘不過氣來；自然而然的喜悅心情彷彿隨時都在自己身上發生」。這應該就是Carl Jung在人格成長理論中所提到的「超越作用」。

當個人為了完成艱鉅任務或值得的事情，把體能和智力發揮到極致的時刻，此時我們會覺得有能力掌控自己的行動，主宰自己的命運，這就是一種最優經驗的體會，也就是所謂的心流（flow）（Csikszentmihalyi, 1990, 1997），最優經驗能匯集成一種決定生命內涵的參與感，這就是一種最接近幸福感的狀態。

隨著歲月增長，高齡者生理與心理的交互影響比年輕時代更為明顯，許多研究都已證實，隨著生理機能逐日衰弱，高齡者的心理調適能力會明顯地下降，間接地影響自我概念；缺乏自信、生存鬥志的負向情緒，轉而影響睡眠品質、內分泌系統、自體免疫力。高齡者一旦缺乏積極的自我概念，缺乏與社會的連結感，很快會經常陷於憂鬱狀態，成為衰弱老人。

現代化的科技發展，讓我們對高齡傳奇或遺產有更多、更創

新的思維。遺產可以寫在給與和記住的小禮物上，比如爺爺教孫子如何拿工具，奶奶教孫女如何創造一個有價值的家庭食譜。遺產可以是一個特殊的名稱，也可以用語言來表達聲音。遺產可以是故意的，也可以是即席的。因為人們所記得的，並不一定被施予者所控制，在接受者的感覺中，只要記憶被保留，它就永遠存在。有一部以法國新印象派畫家George Seurat為主的音樂劇《Sunday In The Park With George》，受到很多人的喜愛。故事的敘述者Datt說：「人死了之後只剩下兩樣東西可以追憶：藝術和孩子。」（Nelson-Becker, 2018:19）筆者閱讀的當下，特別有感觸。

各類高齡藝術、自我表達、繪本導讀等講師的培訓，首先要讓引導者真實地面對自己、探索個人過往生命與經歷、文化素養等；其次才是引導技巧的學習、音樂與肢體體驗的融入與實作。淺盤式、速成班的培訓，都不適合高齡師資的養成。

◆透過創作性自我表達，提升高齡者的心盛狀態

Martin Seligman在賓州大學開設的「應用心理學碩士學程」（MAPP），是第一次以正向心理為主軸的心理學課程，教授每一個人「可以更幸福的技巧」。這個學程最大的魅力包括：內容很有挑戰性、有教育價值，且令人振奮；正向心理學是個人化和專業化的合體；更重要的是，正向心理學是一種呼喚。其中，Martin Seligman所提的幸福的五個元素：正向情緒、全心投入、意義感、正向人際關係、成就感。實踐正向心理學的策略：每天寫下感恩的心情、感恩的故事、全心全意為家人準備豐盛的大餐、全心全意投入塗鴉或彩繪、和家人敘說每天在學校裏發生的事情、為別人服務、做一點事情等，都是大家耳熟能詳的。

Martin Seligman（2011）在《*Flourish: A Visionary New Understanding of Happiness and Well-being*》書裏，除了提出「心盛」狀態（flourishing）的概念，也提出「慢的美德」。自從Huppert（2005）將個體心理健康狀態分為「心盛」、「心常」（moderate mental health）、「心衰」（languishing）與「心病」（mental disorder）四種階段，「心盛」已成為正向心理學研究領域的核心概念，也是心理學領域或相關研究的終極目標。儘管有關「心盛」內涵的研究面向不盡相同，但都可以大略分為生理、心理與社會等三個面向。換句話說，擁有心盛狀態的個體是一個內心豐盛、充滿資源的人，當個體處於心盛狀態時，都能同時擁有高水平的正向情緒、愉悅感與幸福感（Huppert, 2005; Marks & Shah, 2005）；因此在生理、心理和社會人際上，都能呈現健康豐盛的狀態，也是一位真正幸福的人。心盛的相關研究已成為目前心理學研究的顯學，包括不同年齡層民眾的心盛狀態、各類型社區居民心盛狀態的影響因素、甚至各種就業或服務場域如何提升顧客的心盛狀態等等。這些都在提醒我們，除了身體健康外，心理的安適感、人際之間的情感連結，都需要我們共同努力。

Martin Seligman表示，智慧和高成就不僅僅是追求速度；速度是給你額外的時間去執行非自動化的作業部分。智慧和成就的第二個部分是慢，我們要能夠瞭解如何利用「快速」所替你省下的時間，這也是目前全球人面對AI時代，所引發的各種反思，也影響到人類各階段教育規劃、學習模式的發展。筆者也體驗到：「快」是個體面對事情的自動反應，「慢」則是來自我意識的選擇；所以，無論哪一個年齡層，透過「慢活」，我們才能更加領會到幸福的感覺。有意識的「慢活」讓高齡者更容易擁有心盛的心理狀態；而如

何透過「創造性自我表達」（creative self-expression），則是陪伴甚至是協助高齡者達到心盛狀態的關鍵策略。

(二)表達性藝術與創造性自我表達

◆表達性藝術

根據國際表達性藝術治療協會（International Expressive Arts Therapy Association, IEATA）的描述，表達性藝術（expressive art）結合了視覺藝術、動作、戲劇、音樂、寫作和其他創作過程，以促進個人成長和社區發展為目標（IEATA, 2024）。相對於傳統藝術形式專注於藝術創作的作品，表達性藝術則強調「創作的過程」。在創作過程中，允許個體自由地表達他們的思考、感受、情緒和個人經驗，從而發展自我覺察並提高他們的社交技能。

IEATA鼓勵在各種領域採用表達性藝術的方法，不論是心理專業、社團組織、社區藝術或教育。透過整合多種藝術形式，讓參與活動中的個體，可以從一個藝術流動進入到另一個藝術流動，從而獲得療癒、啟發和創造個人的內在資源。表達性藝術治療通過多樣化的創作途徑，為參與者提供了一個安全和支持性的環境，使他們能夠探索和發展自己的潛力。

人本心理學的創始人Carl Rogers所創立的「當事人中心療法」是藝術治療的核心，主張心理治療師要有真誠關懷當事人的感情，以人為中心，也奠立了藝術治療「以人為本」的基本主張。Natalie Rogers則根據父親的理論與方法創立了「表達性藝術治療」，強調經由藝術表現能學習美感、自我實現和生活真實目

標，是個人成長與頓悟的經驗，也相信創作過程中的療癒性（摘自林端容，2018）。

表達性藝術是各個領域都可以投入的個人化或團體帶領工具，透過分享和應用，讓更多人受益。無論是居服員、據點指導員、教師，只要能掌握表達性藝術的精髓，都能促使人們在心靈和情感層面獲得更大的療癒與成長。掌握表達性藝術的精髓，不僅僅是技術和方法的掌握，更是對人類發展的深刻理解和體察。通過這種深層次的理解和運用，表達性藝術能夠成為一種強大的工具，幫助人們在心靈、情感和社會關係中得到豐富的滋養和支持。

表達藝術帶領者的角色，有時像是一種催化者（facilitator）的角色。在引導學員創作、產出的過程中，促進潛意識的表達、情緒釋放，有時如同一股溫暖的存在力量，陪伴創作的療癒歷程；有時也像是一面察覺的鏡子，反映著創作者本身未曾發覺的深層心緒（SOMArtFLOW, 2020）。在帶領藝術相關活動時，要儘量避免受到藝術性的迷失，才能夠降低參與者的焦慮感。一般所稱「有藝術性」通常是指具備特殊才華，可以透過藝術媒材將意象表達出來。但是事實上，每個人都有一定程度的創造力；Wadeson因此呼籲：「不是每個人都可以成為偉大的藝術家，但每個人都有創造力，不管多麼有限。」（Wadeson, 2010: 5）這樣的體會，可以為任何年齡層的藝術創作團體，提供一個無條件、積極關懷的環境，可以帶來心理上的自由感受，創作參與者才能充分地覺知與自我表達。

表達性藝術的過程是反映「意義的創造，而非意義的發現」的活動（Wadeson, 2010）；因此，促進療癒的不是作品，而是探索深埋於精神深處的創造過程，筆者相信每一位參與過創作

的人都有過這樣的體驗。筆者自己本身也曾在創作過程中，覺察到自己的意識似乎進入一種流動、自然專注的狀態，忘卻了周遭的事物，也就是Csikszentmihalyi所說的心流（flow）狀態。Csikszentmihaly在1990年所出版的《心流：最優體驗心理學》（*Flow: The Psychology of Optimal Experience*），近年來被稱為各界高手們都在研究的心理學。可見「心流」與專注力、大腦健康、高齡心理健康、創造力等息息相關，都是目前正念思考、正向心理學的核心概念。幸福的解方必須要靠個人心智的努力與創造力，Csikszentmihaly在1990年的書中就強調，他之所以提出心流的概念，主要是希望每一個人能夠擁有幸福快樂的生活。但是，每一個人獲得幸福的解方都不一樣，所謂的「最優經驗」完全決定於個人在面對事務時，個人意識層面的管理能力，也就是一種此時此刻、當下的心理意識的管理能力。

　　內在經驗的最佳狀態是指個人意識在一種有次第（in order）的狀態下，而這種狀態只有在個人心理能量或專注力（attention）集中在真實情境裏，才有可能發生。當個人的技能符合行動機會，才有可能產生心流，這與目前心理諮商輔導領域非常重視的「第三波治療」（the third therapy）概念完全相符。

◆創造性自我表達

　　創造力是一種行動導向的歷程，創意的主要產出包括意義（meaning）和象徵（symbol）（Lusebrink, 2010）。其中，「創造性自我表達」則是創造力的最高層級，是一種非常個人化的歷程。在創作過程中強調的是統整性的表達，而不只是單一或個別化的表達（Schweitzer & Stephenson, 2008）。

與創造性自我表達有關的概念包括：自我反省（self-reflection）、個人化的解讀（personal interpretation）、意義和象徵（meaning and symbol）、日常經歷（everyday experiences）、協商的觀點（negotiated perspectives）等，每一個概念都是個體參與創造性自我表達過程中的關鍵因素，也是表達性藝術創作活動引導者必須掌握的幾個概念（Pike, 2013, 2014; Ruppert & Jury, 2021）。

1. 創作過程的自我反省：在創造性自我表達過程中，最難能可貴的是創作者在創作歷程中所感受到的個人內在心理能量的流動、內在的自我對話，甚至最後與完成作品的心情書寫，這些對話都可能是對自我認同的反思與洞見。

2. 藝術創作的個人化解讀：不同於目前很多藝術教學的仿畫練習，創造性自我表達無論是引導技巧、創作過程、作品解讀，都可以是開放式的、個別化的。例如，依照個人的觀點，針對個人創作進行說明或詮釋。

3. 意義和象徵的擷取：正如Wadeson（2010）所強調的，表達性藝術的過程是反映、是意義的創造，主要在探索深埋於精神深處的情感的內在探索或自我發現。因此，在完成作品後，創作者對作品所賦予的意義，或者創作者從作品中所擷取到的象徵意義，才是創造性表達藝術的核心。包括創作者對創作作品的體驗、思維、感受，或是作品所引發的回憶或情感等等。

4. 日常生活與經歷的融入：如何將個人日常生活經驗融入創作的各種體驗，才能豐富創作內容，讓藝術創作真正成為個人身心健康促進的媒介。

5. 協商的觀點：這些年來藝術創作與個人健康之間的關係，越來越受到肯定。藝術創作的豐富性，加上藝術創作過程多元變化與可能性，藝術創作的價值、團體關係、領域更加寬闊，因此，藝術創作的引導者更需要有協商的觀點。例如適當地引導創作長者描述參與創作過程的個人感受，或者分享過程中所產生的觀點改變等等。

隨著上述創造性自我表達的概念逐漸多元，並將藝術創作融入我們的日常生活，有關高齡者情緒體驗與表達的相關研究，也逐漸重視豐富、多樣化的正向情緒體驗活動。目前一些高齡心理健康促進的研究已證實，廣泛並具體地蒐集、回憶個人生命各階段的正向情緒體驗，可以帶來更豐富、多樣化的正向情緒體驗活動；引導當事人開始關注這些體驗，更有益於當事人的心理健康（Werner-Seidler & Dalgleish, 2016）。例如，英國目前針對憂鬱病患進行的「小說介入」（Nobel intervention）計畫[1]，因為加強正面情緒體驗的回憶與記憶，已證實對正向情緒不足的憂鬱症患者有非常重要的意義（Dunn et al., 2019; Dunn et al., 2023）。

另一方面，Quoidbach等人（2014）以生物多樣性（biodiversity）的角度切入，探討情緒多元性（emodiversity）對個體心理健康的影響發現，每個情緒都是一種獨特的心理表徵，

---

[1]「小說介入」（Nobel intervention）是目前英國多所大學正在推動的「加強版憂鬱症治療」（augmented depression therapy, ADepT）的一種介入方法。「ADepT」是希望在目前憂鬱症常用的認知行為治療之外，找尋另一個可以幫助憂鬱症者的介入方式。ADepT是透過小說敘述，一方面與認知行為一樣減少負向的思維語言，一方面要增加正向的思維語言，以幫助憂鬱患者在他們未來的生活中可以持續保持心理健康狀態（Mood Disorders Center of University of Exeter, 2024）。

高齡表達性藝術活動設計與實務

而多元而豐富的情緒感受，讓個體有更完整甚至完全的情緒體驗，猶如一個資料庫般，能透過儲存各種情緒事件所代表的對應意涵，進而能更有彈性地回應外在種種挑戰。

Grossmann等人（2019）以社區內三十四位憂鬱症患者，以及非憂鬱患者三十四位為研究對象，探討個體對多樣性負向情緒的體驗發現，對負向情緒擁有較多樣性的體驗（greater diversity of negative emotion experience），是防止憂鬱情緒的保護因素。情緒多元性不僅能有效緩解負向心理狀態，對身體健康也有穩定的正向促進效用（Quoidbach et al., 2018）。換句話說，情緒多元性是成功老化重要因素之一（Benson et al., 2018）。Clarke和Wolverson（2016）兩位學者也提醒我們，當我們在討論正向情緒、正向經驗對認知障礙高齡者的益處時，也不能忽略了負向情緒或負向情緒經驗對認知障礙高齡者所帶來的潛在貢獻。

這些研究都鼓勵我們，除了正向思維的引導，針對經歷生命淬鍊、經驗豐富的高齡者，如何透過具有創造力、自主性的藝術表達，積極地給予多元情緒的引導、體驗，對高齡者而言格外的重要。

◆表達性藝術創作對高齡身心健康的影響

表達性藝術創作經常在有限的空間內，反覆添加色彩、筆畫、素材，創作的過程與產出充滿了開闊性與可能性。通過創作過程，緩慢而有條理地再現身分的感覺，選擇色彩時不做自我判斷，而是以直覺為依據等，都有助於高齡者大腦重塑（restructure），也是藝術創作之所以適合作為高齡者創造性自我表達媒介的重要原因。透過創造性自我表達，可以刺激大腦產生

多種神經傳導物質,也是藝術創作適合做為高齡者創造性自我表達的另一個重要原因(Pike, 2014)。以下分為幾個部分簡要說明。

• 認知層面

參與表達性藝術活動過程中,無論繪畫、手工、舞蹈動作,都是一種心智刺激(mental stimulation),可以刺激認知功能。同時,這些活動都會要求專注、問題解決、回憶,這些都能幫助長輩維持甚至增進認知能力。至於規律地參與創造性活動,則可以延緩失智和其他認知障礙,例如樂器學習、學習新的技能,都能幫助大腦活化。

當大腦處於β(Beta)波的狀態,腦神經細胞才會釋放出足夠的多巴胺。多巴胺可以提升高齡者的活動力、參與動機以及成就導向;相反地,多巴胺不足會阻礙個人口語溝通能力的表達。因此,多元、創造性的藝術類活動,才能夠讓高齡者的情感表達有多種管道與可能性。因為創作過程中能夠「專注於當下」,也有助於高齡者體內乙烯膽鹼的分泌,對認知功能的提升有很大的助益。

• 情緒層面

藝術創作提供了一個安全的方式,讓參與者表達個人內在的情緒。對於高齡者而言,透過創造性藝術來表達失落、焦慮、憂慮的情緒,可說是最適當一種療癒方式。參與藝術創作的過程中則可以減少壓力,提升副交感神經的功能,增加放鬆感、降低皮質醇水平,並為創作者帶來平靜和幸福感。參與藝術創作活動的參與者,可以經歷Mihaly Csikszentmihalyi所說的「心流」,可以提振創作者的心情以及整體正向情緒,帶來滿滿的幸福與滿足感。

高齡表達性藝術活動設計與實務

此外，各種創造性行為所產生的身體感受，可以讓個體有一種放鬆感覺，讓身心平靜下來。此時，大腦處於α（Alpha）波的狀態，並促使血清素分泌。血清素被稱為「幸福荷爾蒙」，能夠幫助高齡者維持正面情緒。通常個體在進行許多重複行為時，血清素便會被釋放出來；例如把拼貼照片粘貼在紙上、剪裁形狀，或用粗筆將單一顏色塗在大畫布上。在藝術創作過程中，許多身體、節奏和重複動作都可以增加血清素的活性。

・社會層面

目前各類社區高齡教學或高齡照顧都是透過團體藝術創作，可以增加高齡者的社會參與、減少孤獨感，增加社會連結感。由於高齡者逐漸交出權柄、退出職場，影響高齡者「關係中自我」（self-in-relationship）的概念；加上高齡期後，個體的催產素（Oxytocin）的分泌逐年下降，影響個體的社會連結動機，求救動機、壓力處理能力等都有明顯下降。透過團體的藝術活動可以增強已有的社交關係，甚至分享創造性的經驗，增加人際互動與自我概念。

・身體層面

無論是雕塑、繪畫或編織，都是一種手眼協調訓練，都是有益的精細動作技能。這些活動要求精確的動作，可以增強大腦靈活度以及整體動作功能。至於舞蹈與動作基礎的藝術活動則提供身體運動的機會，改善身體平衡感、靈活性和心血管健康。參與在創造性活動中可以幫助參與者，將專注力從慢性疼痛以及不舒服中轉移，專注在藝術性表達中，減少疼痛感，增加整體生活的品質。

李宗芹（2018）從舞蹈治療的角度提出「動勢心理介入」的概念，將「動勢心理介入」分為三個面向：(1)身形力度：包括了

身體能量的聚集性、身體所屬性的形狀等。(2)身體韻律密度：包括律動方式、時間，不同速度強弱的身體節奏等，都是一種身體與生命的互動；例如以呼吸為基礎的律動介入。(3)身體感覺強度：包括各種身體感覺，也就是在身體的移動過程中，身體所感受的肌肉強度、耗量等等，甚至產生的心理愉悅感受的強度等等。

個體的身體是個人最初的一個形式，這個身體深深記憶生命的種種痕跡，每個人的身體都展現著此生的生活形態，所以我們的身體不只是器官的生理、身體，也與情緒、感覺以及其所生活的環境緊緊相連。我們的身體是一種媒材、一種通道，唯有我們信任自己的身體，心理能量才能夠暢通。我們的身體本來就有創造性的表達潛能，在創造性表達的同時會帶來某種可能性的開展。這個時候，如何進行身體辨識、選擇自我表達的媒介或載具等，格外的重要。個體要能真正感受身體、讓身體有機會做為一種媒材、一種通道，給予我們直指內心的機會（李宗芹，2018）。這些概念也是目前「心流」所強調的全然投入相符；換句話說，透過身體的通道，個體的心理能量才能自然流動。

・生活層面

與個人日常生活結合的藝術創作可以增進長輩的目標感以及成就感。完成藝術作品、學習新技術、為社區藝術活動做出一些貢獻，可以為日常生活提供意義和方向。前面所說的遺產與身分認同，藝術讓老年人表達他們的身分並留下有形的遺產，與家人和朋友分享他們的創作可以肯定他們的價值，並有助於他們的個人表達，也就是Mihaly Csikszentmihalyi（1990）所說的創造性使命的完成。在過往經驗中，長輩創作後往往會拍照分享給親友或

兒女們，長輩們通常都能從親友或兒女們欣賞作品的反應，再一次得到肯定。

例如長輩常常會將作品黏貼在自己的房間，長輩分享：「每天早上一睜開眼睛，就會看到自己的作品，覺得很幸福。晚上睡覺時，又看著自己的作品，帶著滿足睡著。」從長輩的分享中，可以感受到不單只是創作過程，創作的結果、作品的呈現，也同樣滋養他的心靈。

◆創造性自我表達與成功老化

成功老化最需要的是正向的自我概念，自我概念則是建立在個人的價值感之上。高齡者生理和認知幸福感，大致分為五個部分，即生理我、社會我、情緒我、心靈我與心理我，與藝術創作自我表達的五個領域完全相呼應（Depp & Jeste, 2009）：

1. 生理我：在藝術的表達上，創造過程中對壓力的處理方式。
2. 社會我：例如在創造過程中，如何與別人分享作品與創意。
3. 情緒我：例如在藝術創造過程中是否能夠充分自我表達內在的情感。
4. 心靈我：通過藝術的創作過程，反映出自我價值感以及個人的優勢感。
5. 心理我：例如充分地發展創造技巧與相關的知識，甚至感受到創作時的心流。

高齡者在創作的過程中所感受到的享受感、士氣，以及社會性人際互動感的益處，比作品的好壞更重要。在藝術創作的過程中務必要強調減少焦慮、減少自信心不足的感受。這些都與第三

波治療強調情境因素對個體身心與大腦健康的概念有關。例如，目前「以個人為中心」（person-centred care）的高齡照顧模式，也逐漸發展為「以關係為中心」（relationship-centred care）的照護模式（Dewar & Nolan, 2013; Hirschmann & Schlair, 2020）。

這樣的發展趨勢不僅提醒高齡照護和服務工作者，要重視學習與照護的環境規劃、活動介入的安排；更需要思考照顧者與教學者的身心健康。因為互動的內涵，以及參與者「身心的體驗、察覺與感受」，才是最核心的情境因素。一張桌椅的角度、一個問候的眼神，對接受照顧或服務的高齡者而言，都是重要的情境線索，代表一種不同的社會性關係。「以關係為中心」的高齡服務概念重視的是高齡者個人內在情緒的察覺與身心感受，這些都與高齡者的價值感、心理健康、主觀幸福感等息息相關。這也是為什麼筆者深切期待高齡照顧領域、社區高齡學習據點，能用心安排高齡者自我表達的創作活動，給予高齡者情緒覺察與表達的引導與體驗。

◆表達藝術創作是認知障礙長者的重要他人

對於逐漸失自主性的認知障礙長輩，表達藝術創作就像是他的「重要他人」，可以對長輩有非常明顯的陪伴效果（Goldman, 2004; Malchiodi, 2013）。Linda Goldman到照顧機構探訪母親時，與母親的一小段對話，引起我很深的反思：

Linda Goldman: *How are you today, Mom?*
Mom: *How well can you be when you don't know where you are?*

Linda Goldman以藝術治療師的角色，將她個人用藝術、彩

繪，陪伴失智母親常達十五年的經驗，詳細地介紹視覺藝術的創作對認知障礙者，甚至阿茲海默症患者的治療意義，以及引導的技巧。Goldman（2004）、Messman（2004）、Pike（2014）、Partridge（2019）多位藝術工作者都鼓勵失智症照顧者，利用藝術創作陪伴處於初期、中期甚至後期的認知障礙長輩，這些藝術工作者認為藝術創作活動對認知障礙者有幾個重要的意涵：

1. 激發當事人的自發性：「自發性」（spontanity）是個體自然而然由內引發的一種主動性心理能量。儘管認知障礙限制了長輩的溝通能力，但是當事人的情緒、臉部表情的表達與溝通能力仍然非常豐富。截至目前為主，我們並不完全瞭解認知障礙者對周圍世界的感知程度，發生了哪些改變？透過藝術創作，可以讓個體心智外在化，展現自己無法透過口語表達的東西，並進行自我錨定（anchoring）。

2. 讓當事人能享受藝術創作，專注於當下：專注地參與娛樂、消遣和自我滿足，可以轉化為感官刺激，激發愉悅感甚至讓個體再次擁有控制感。在引導當事人快樂創作的過程中，從事照顧工作的員工也是主要受益者。這也是本書出版的重要目的之一，希望有更多的高齡者因為照顧服務者的藝術創作引導，重拾快樂、自信的自我，同時擁有更美好的照顧關係與經驗。

3. 透過動覺，開啟參與者肌肉記憶、激活感官，遠離自我封閉：通過畫筆的移動，用海綿輕輕拍，或者在病人創造圖像和設計時用畫布的移動，都可以開啟個人的肌肉記憶、活動感官、喚醒不同情緒與記憶，無論對認知障礙者或憂鬱傾向

長輩，都是協助創作者遠離自我封閉的第一步。

4. 擁有安全的自我表達與自由的人格：藝術可能是少數能夠讓認知障礙者自由、自主性表達內心世界的方式，例如，讓合作的成員可以在一張紙的邊界內自由活動，也可以暢所欲言、唱歌、歡笑或哭泣。只要給長輩機會開始創作自己的印記、塑造形象，就有機會顯現自己的風格，讓當事人再次與內心的自我連結起來。如果有機會讓當事人的作品公開展示，更能夠讓他們找回自己的存有和榮耀。

Linda Goldman與母親的對話，是促使筆者努力書寫的主要動力。有輕微失智或失能的長輩比一般健康者更需要有歸屬感。因此無論口語表達、故事敘述，或者是非語言的肢體動作、視覺表達，都有機會與他人連結，找到個人的歸屬感。

對於擁有高教育水平、即將邁向超高齡化社會的新一代高齡者，不得不提早思考「何謂成長」、如何解讀「成長」對於認知障礙者的積極意義。如何讓每一位高齡者在邁入高高齡期，甚至有輕度的心智衰退時，仍然能夠擁有自我覺察的能力、自在的表達能力，擁有自我尊嚴、甚至自我成就感，確實是高齡教育教學者、照顧工作者需要共同努力的任務（Clarke & Wolverson, 2016）。

本書設計很多肢體動作、視覺的體驗活動，可以團體進行，也可以做為個別化陪伴的活動。期待有更多的高齡者因為照顧服務者的藝術創作陪伴，能夠擁有更豐盛的心理資源，讓身體更健康、心理更安適。

討論引導焦點

1. 在高齡照護服務與教學領域中，無論環境規劃或活動介入、安排，您覺得真正的核心是哪些內容呢？
2. 根據閱讀，您覺得什麼是高齡者的「創造性使命」？您可以舉一個例子來說明嗎？
3. 參與藝術創作已證實有助於高齡者的心理健康，您覺得主要的原因有哪些？
4. 根據您的所學，「心盛」（flourishing）與「心流」（flow）有什麼相同的內涵？您可以舉例說明嗎？

二、第三波治療觀點與表達性藝術創作

隨著大腦科技研究技術的發展，人類對個體身與心的連結、情緒感受與外在情境之間的影響、互動與共振情形，有更多的認識，因此帶動心理輔導與諮商治療的典範轉移，「第三波治療」（the third wave therapy）逐漸成為心理輔導與治療的主流。期許有更多人投入高齡者自我表達的藝術創造教學，期許社區各類高齡者能夠透過彈性、具有涵容性的藝術創作與學習，與自己的內在、潛意識、外在情境與他人獲得連結，自然而然擁有內心的自在與安適感。

筆者多年前結束全職工作，因為生活變得閒散，有一段時間身心處於極度不安的狀態；才真正理解高齡者因退出職場，如果無法重新詮釋個人「生產力」的意義，對心理健康的衝擊有多大。某日閱讀到一篇文章：「藝術創作何其寬廣，不妨選擇一種能讓自己產生共鳴的媒介或媒材，動手做，讓心流、正念覺照創作時的感受，見證作品，聆聽它們的聲音，並與之對話，或者能從中獲取某種力量與智慧。」（吳明富，2019）於是重拾十多年前曾經陪伴自己和一群中高齡讀書會成員的曼荼羅彩繪，作為個人自我探索的練習。

將近五年的曼荼羅彩繪、紀錄，深深地體會到：創造性藝術表達可以帶給我們很多的學習和成長，包括：從內心、真正留意自己與別人、環境之間的關係；更有彈性的目標設定，甚至改變我們自己的價值觀念，讓我們有能力把個人經驗的質性感受，轉變為語言、文字。這也是目前「自我表達藝術治療」（self-expression art therapy）逐漸受到重視的原因。尤其是自我信念、身體感知能力與心智能力逐漸衰退的高齡者，如何透過開放性、自由自在的圖像創作，表達自己當下、內在的情緒或感受，是維持心理健康的重要策略（Eisner, 2002; Pike, 2014）。

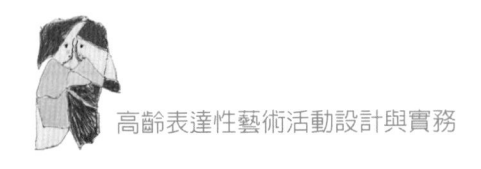

在學習彩繪曼荼羅的過程中，感受最深的、受益最多是：自己不再像過去那麼「執著」；面對一些不如意、自己無法掌控的事物，很快就能調適自己的情緒。因為任何一種藝術創作，都允許過程中的偶發性（周淑卿，2009），於是能夠自然地接受「目標往往是變動的」的宇宙法則，自己的心智因此變得更有彈性、更舒坦，內心更有一種舒服的安適感受。在自我表達的藝術創作歷程中，參與者所體驗到的，是一種內在、甚至不易覺察的感動、成長。藝術創作的參與所得，只有我們自己真正投入，才能有所感受、改變，這正是目前「第三波認知行為治療」（The third wave cognitive and behavior therapy, Third Wave CBT）的核心概念（Eisner, 2002; Neenan & Dryden, 2015）。期待每一個人一生中都能有這樣的機會和幸福。

因此本文首先介紹第三波治療的發展，接著以開放式的曼荼羅創作為例，說明曼荼羅創作的引導內容與流程。

(一)第三波治療的發展與內涵

◆第三波治療的發展脈絡

隨著神經認知科學對大腦的研究發展與科技的運用，例如大腦繪測（brain mapping）的瞭解、大腦刺激等技術，人們越來越能瞭解人際互動、外在情境和刺激、靜坐與正念對大腦重塑、記

憶的固化、心理認知功能促進、情緒調適的意義。例如各類藝術活動的參與、體驗、實作等經驗，都可能引發大腦的改變；人類大腦各種功能的展現，個體的人格、情感、語言的運用、價值觀的建構，都與外在的環境相關（Lee, 2016; Naji & Ekhtiari, 2016; 洪敬倫，2021; Matthew & Judson, 2024）。這些科技的發展、研究面向的擴展，帶動心理輔導與治療的典範轉移，包括目前受到高度重視的瑜伽、正念（mindfulness）、腦波律動（brain wave vibration）等都逐漸被應用在諮商輔導領域。「第三波治療」因此逐漸成為心理輔導與治療的主流；其中，「第三波認知行為治療」（Third Wave CBT）相關的討論最多、最為普遍（Kahl et al., 2012; Neenan & Dryden, 2015; Naji & Ekhtiari, 2016）。

　　第三波的治療不僅重視「現在」，更強調透過大腦神經系統的刺激，以引發個體行為改變的「歷程」（process）。Naji和Ekhtiari兩人因此將第三代的心理治療稱為「神經認知心理治療」（neurocognitive psychotherapy）。茲將Naji和Ekhtiari（2016）對第三波治療的整理，Frank等人（2013）、Matthew & Judson（2024）、Michalowski（2024）以及Saunders等人（2015）針對現代人許多心因性心理功能障礙者的心理治療研究，整理第三波治療的發展與重要內涵如下：

1. 逐漸針對無意識（unconscious）的認知歷程進行量化的研究；例如短期記憶的形成、習慣性行為、直覺式反應、長期記憶的固化、各種思考被激活的歷程等。
2. 結合心理治療與實驗科學（experimental sciences），針對人類認知與行為進行生理學的分析。例如，心理治療介入與藥

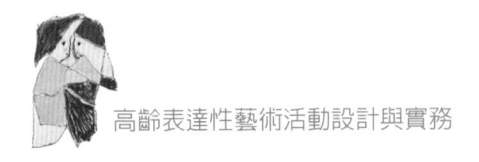

物或電流刺激結合得更為完整，針對這些介入效果可以進行更多量化研究。

3. 更重視情境因素，將個體生活的情境因素納入認知科學的分析。例如，個體所創作的藝術作品，看起來是一件作品，事實上，是個人價值觀與情感的呈現。個體所創作的作品，也會受到創作者與他人溝通歷程的影響，這些過程都屬於情境因素，第三波治療因此特別重視情境學習（situated learning）的影響力。

4. 第三波的心理治療介入是建立在認知神經科學的基礎上，主要在改變心理功能障礙者大腦不同區位的功能，以及大腦神經網絡的連結。例如，對於心因性肥胖患者，目前已找到大腦前扣帶迴（cingulate）皮質區和腦島（insula）皮質區兩個關鍵區域，讓減重治療更有療效（Frank et al., 2013; Saunders et al., 2015）。

5. 心理治療與復健也有更進一步的整合，以整全（holistic）的觀點來促進人類大腦的健康。例如，在復健過程也強調必須「有意識的參與」，才能提升復健的績效。神經心理復健（neuropsychological rehabilitation）非常重視大腦神經可塑性（plasticity）與穩定性（stability）二種特質；可塑性與學習、生活適應有關，穩定性則關係到記憶的固化（Michalowski, 2024）。相信透過外在刺激、有意識的覺察或訓練等，可以誘發個體認知的改變，提升大腦心智功能、促進心理情緒調適能力。

◆第三波治療的整合觀點

　　在心理與輔導典範轉移過程中，認知行為典範強調對當事人認知（cognitive）與行為（behavior）的引導與改變。第一波認知行為療法約在二十世紀五〇年代到六〇年代之間，以行為治療為主；大約在八〇年代之間，第二代認知行為治療從行為治療過渡到認知治療，並以認知治療為主；九〇年代則過渡到第三波的認知行為治療。過去二個世代的認知行為療法認為，認知、情緒和生理狀態是導致心理認知功能失調的主要原因；治療的目標以改變當事人內在不適當或被扭曲的心智模式為主要介入方式。第三波的認知行為治療則是以多種方法，引導當事人放鬆、引導當事人放下原本引發心理困擾的心智模式或思維；當事人除了瞭解自己的心智與情緒狀態，認識自己真正的想要與目標設定，並發展出新的行為模式，進而改變大腦神經迴路（Kahl et al., 2012; Neenan & Dryden, 2015; Rosal, 2018; Matthew & Judson, 2024; Michalowski, 2024）。

　　第三波的認知行為治療（Third Wave CBT）建立在認知典範之上，並結合量子腦動力學（quantum brain dynamics）的概念。「量子腦動力學」提出「量子腦」（quantum brain）的概念，以解讀人類的大腦控制機制與個體的意向（intention）、注意力（attention）和行為之間的交互影響，解讀人類深層的心理思維和行為反應機制。量子腦動力學認為，要更新大腦的意識狀態，最快速有效的方法就是讓大腦在特定的頻率組合之下產生共振（摘自秦秀蘭，2016）。目前無論是個人心靈成長、諮商工作服務、人際互動、企業管理，只要與人有關的討論，「量子腦動力學」

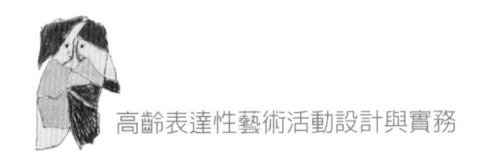

的觀點都與「神經認知科學」的觀點相得益彰，因此大大擴展人文社會科學的研究深度與寬度。

第三波認知行為治療包括範圍相當廣泛，例如：強調專注於接納、當下的覺察與正念，重視個人靈性、與人連結的關係感受，價值觀或情感深度的體驗、引導與改變等等（McCracken, 2022）。第三波認知行為治療或輔導概念強調「以過程為基礎」（process-based）、「全然的接納與全心投入」（acceptance and mindfulness-based）的引導過程（Masuda & Spencer, 2022）。Masuda 和Spencer兩人表示，目前第三波認知行為治療或輔導，越來越重視個體「行為」的改變，因此，越來越多的研究與實務工作者直接稱這些諮商輔導策略為「第三波行為治療」（the third wave behavior therapy）。

第三波認知行為治療逐漸從單純的減少不適應的症狀，到發展新的技能，提高當事人多元化的心理調適技巧和行為能力。目的在深化當事人的改變，並且讓這些改變得以延續；例如，改變當事人與個人內在事件的關係。過去的認知行為治療經常發現，當事人奮力抵抗的，正是對自己內在思維、心智模式的評價與控制；第三波治療則強調引導當事人接納自己內在經驗與心智模式，治療者必須與當事人的內在經驗，發展出一種誠摯的和睦關係（sincere rapport），才能逐漸賦權，讓當事人有能力調適、應付生活情境（Micallef-Trigona, 2018; Kahl et al., 2012; 朱惠瓊，2022）。

科技的發展、各種腦波儀器的發展都是促使第三波行為治療或輔導的主要助力；但是Masuda和Spencer兩人提醒我們，第三波行為治療不是單一治療或輔導方法的運用，而是結合了

基礎現實觀點（elemental realists）和功能脈絡觀點（functional contextualism）的治療或輔導策略。「基礎現實觀點」強調針對個體的外在展現的行為，可以有更多的科學量測、讓我們對個體身心健康的內在有更真實的瞭解。例如，目前很多針對憂鬱症患者的腦波研究，讓我們對憂鬱症的治療有很多的瞭解與可能性。至於「功能脈絡觀點」則是提醒我們，個體行為的適切性必須在當事人生活情境的脈絡中來思考、引導，值得我們省思。目前創作性自我表達、藝術創作所重視的「開放創作、多元引導、多元詮釋」等，都是基礎現實與功能脈絡觀點的實踐。

◆創作性表達藝術教學與高齡心理健康促進

在社區裏進行高齡曼荼羅彩繪引導，經常可以看到參與長輩專注於當下，能夠順利表達內心真實感受時，臉上所展現一種放鬆、舒暢的感覺；那就是「澄心」（或稱為聚焦）（focusing-oriented），藝術治療學派所說的「深感」（felt sense）（Rappaport, 2009），也就是目前受到高度重視的「心流」（flow）狀態，連我自己都深受感動。另外，個人所開發的「能量律動健康操」教學引導，也常看到參與者全心投入、享受身體因為垂直律動引發和諧共振波之後，身心放鬆後兩眼變得清澈、明亮，嘴角上揚的臉龐。很多長輩們也會表示自己全然投入時，內心自然產生的愉悅感受。這些都證實透過外在的刺激、專注於當下的活動引導，確實可以改變大腦的狀態，也是活動參與者提升正向情緒、學習情緒調適的重要策略。

創作性自我表達藝術的創作過程中，因為專注於創作，促使大腦產生有助於心理健康的血清素、多巴胺、乙烯膽鹼等神經傳

導物質（**表1-1**）（摘自秦秀蘭、李瑋，2021）；因為全心投入產生了心流；因為開放、多元、備受支持的創作歷程讓高齡創作者有機會重新認識自己、覺察自己的情緒、找到自己的內在價值等等，都與目前中高齡與高齡活動所強調的正念引導、正向情緒激發等概念完全相符，而這些都是「創造性自我表達」（creative self-expression）的重要內涵。創造性自我表達是第三波治療的概念，透過藝術創作歷程，引發大腦的改變，降低憂鬱傾向，甚至重新建構個體的價值觀（Rosal, 2018; 陳瑄嬪，2016），對高齡者的身心健康促進有極高的價值。

個體的身體是個人最初的一個形式，這個身體深深記憶生命的種種痕跡，每個人的身體都展現著此生的生活形態，所以我們的身體不只是器官的生理、身體，也與情緒、感覺及以其所生活的環境緊緊相連。我們的身體是一種媒材、一種通道，唯有我們

表1-1　人體腦波狀態與主要神經傳導物質的產生機制

任務類型	血清素	多巴胺	乙醯膽鹼
腦波狀態	α（Alpha）腦波	β（Beta）腦波	γ（Gamma）腦波
情緒狀態	放鬆	主動性、連結	專注
角色功能	促進神經細胞分裂	促進神經突觸的連結與修剪	促進認知
對身心的助益	激發身心共振感	決定記憶的形成	決定大腦的速度
主要影響層面	個人心理層次	人際互動層次	靈性層次
有效的激發因子	手眼連結 正念與身心合一 自我尊榮感	擴散性思考 抽象思考 設定目標 腎上腺素分泌	記憶背誦 擁有自信 專注於某件事物 社會互動

資料來源：修改自Pike（2014: 48-53）。

信任自己的身體，心理能量才能夠暢通。個體要能夠真正感受身體、讓身體有機會做為一種媒材、一種通道，才能給予我們「直指內心」的機會（李宗芹，2018）。這些概念也是目前「心流」所強調的全然投入、正念（mindfulness）完全相符；也與王唯工教授（2010）從物理學研究的角度提出的「氣的樂章」概念相符。換句話說，透過身體的通道，個體的心理能量才能自然流動，即所謂的「身心共振」。而其中「身體的和諧共振波」是身體氣血循環最基礎的動能，也是個體心理能量能夠自然流動的基本動力。上述這些都是第三波治療的發展成果，也是人類對身、心、靈真正有一個整全的概念。

(二)高齡曼荼羅創作引導實例

◆曼荼羅的意涵與心理功能

曼荼羅的梵語是"Mandala"，是印度教與佛教的一個象徵，代表宇宙及宇宙的能量。Carl Jung認為個體所繪製的曼荼羅正是我們內心精神能量的展現，並將曼荼羅稱為「輪圓」或「心輪」。Carl Jung認為曼荼羅是本我（id）和內在整體個性的核心，輪圓是中心個性的前兆，是心靈深處的核心，代表一種圓滿、整全的狀態。透過曼荼羅的繪製可以讓人格成長趨於圓滿，是一種「個體化」（individuation）的歷程（Fincher, 1998）。

儘管多數人都認為Carl Jung的曼荼羅是西方的文化產物，事實上，Carl Jung非常喜愛曼荼羅的圖像，珍藏歐洲許多曼荼羅圖案，但Carl Jung對曼荼羅在探索個人心靈與人格特質的詮釋，深深受到中國道家「煉金術」的影響。Carl Jung曾經從道家煉金

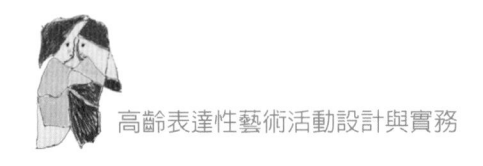

術，詳細說明了曼荼羅彩繪的心理功能。甚至透過中國古典《太乙金華宗旨》一書，將道家的煉金術和他的個體化概念結合在一起，並推展到歐洲地區（Jung, 2012）。《太乙金華宗旨》描述的是道士修煉的歷程，是一本內丹學的著作，而「內丹」是早期道教人士追求長生不老之術，一種修煉的身體觀。Carl Jung認為煉丹術的過程就是他所說的「個體化」過程，個體人格成長所達到的成熟人格可以稱為「曼荼羅的人格」。受到《太乙金華宗旨》一書的啟示，Carl Jung認為「金華」是光，「天光」是道，金華則是曼荼羅的象徵，因此將曼荼羅稱為「黃金之花」。

Carl Jung主張，人的心靈帶有自我調整的功能，任何一種心靈的功能或心靈的一種層面如果發展過頭了，物極必反，它會興起一股反作用的制衡力。但如果學習者平常能自覺，能傾聽身心整體的聲音，正視能動的想像力所帶來的訊息，就可以迅速地吸收無意識層釋放出來的能量，他的人格藉著能量的轉化可以水漲船高，達到更高的層次。相反地，如果個體不能正視人格中寬廣的潛意識力量，那麼這股力量會自尋出路，它可以在外在的人物如史達林、希特勒身上找到認同。或者將「陰影」的原型投射到自己及社會所不願意見到的對象，他們眼中的敵人其實是自己不敢面對的另一個我（Jung, 2012）。所以，Carl Jung非常鼓勵每個人透過曼荼羅創作，傾聽自己內在的聲音，覺察自己內在的情緒，透過曼荼羅創作可以完成個體化任務。

◆「存在當下的曼荼羅」讓自我情感聚焦於此時此刻

個體能擁有清晰的思維、專注力的時刻，通常都是個體的意識和情緒聚焦在當下的時刻。一旦我們的思緒或意識離開了「現

在」（now），多數的情緒都是負向的、焦慮、痛苦的（Moss, 2007）。資深的心理醫師Richard Moss在意識層面與個人潛意識轉化上有深入的研究，他以人類常見的「侵略性」（aggressive）情緒為例，說明許多人無法與此時此刻的自己和平相處的原因。他表示：侵略不是天生的，而是衍生物；它是我們心中恐懼的回應，因為我們的思想在難以言喻的意識中被抽走。

因此Richard Moss醫師持續地倡導「存在當下的曼荼羅」（the mandala of being），鼓勵每一個人透過個人、單獨且持續的曼荼羅彩繪，讓自己的情感能聚焦在當下、此時此刻，並鼓勵大家要勇敢地開發個人自我覺察的情緒能量。例如，當我們專注於曼荼羅彩繪時，如果聚焦在「我」的位置，我們可以專注地覺察自己的主體性，讓自己覺察到此時此刻"I"或"me"對我個人的意義。同樣地，一旦我們專注於呼吸的當下，也能明顯地覺察到當下身心的主題感受，釐清"I"或"me"對個人的意義。

Moss在曼荼羅教學上的殷殷提醒，讓筆者受益良多：「個體自我決定的自由意識，讓我們的心靈真正自由，不會因為過去的憤怒、對他人的嫉妒所牽引，也不被虛偽的熱誠所誘導。一旦能夠讓自己的心念或意識，從未來、過去、他人與自我的故事情節中導向此時此刻，就能感受到一種心靈安全狀態；讓自己成為一個自我決定的人，讓自己成為真正自由的個體。」他也以曼荼羅圖像（圖1-1）說明「高自我功能個體」的內在心理情緒狀態。

Moss（2007）以真實的安全感來說明以「愛與信任」為核心的個人意識狀態，當我們被恐懼主導時，我們會看重安全和幸福，而不是真理和真正的自由。但是當「愛」成為主導我們意識的力量時，我們知道一切都是愛。一旦我們能夠不自覺地體驗每

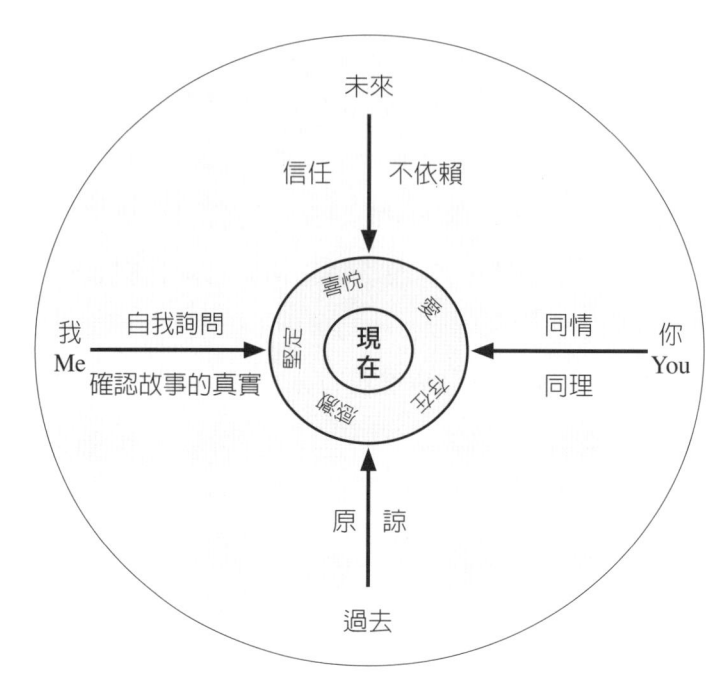

圖1-1　個體高自我功能的曼荼羅圖像

資料來源：修改自Moss（2007）。

一個當下時刻的優雅，便自然洋溢著喜悅、幸福和感激之情。這種體驗讓我們感到驚訝，可能是冥想、做愛、倘佯在大自然中，或者全然投入我們喜歡的創造性活動或運動時。充分融入當下的體驗、感受，是我們感到最充實、有效和充滿活力的時候，讓我們可以發揮最大的潛力，這也是Csikszentmihaly（1990）鼓勵我們在生活中充分體驗「心流」的用意。上述能夠體驗每一個當下時刻的優雅，洋溢著喜悅、幸福感，對於逐漸失去掌控權、甚至失去健康的高齡者特別的重要。

PART 1 高齡表達性藝術的基本概念

◆曼荼羅創作的運用時機

　　曼荼羅的繪製非常適合作為高齡者小團體的對話引導工具，也適合作為個別輔導、對話和情緒引導，許多團體工作坊也常把曼荼羅當成動態的靜心活動。曼荼羅創作的自我表達引導，通常是透過身體的引導、案例的討論，引發參與者一種內在的情緒；接著引導參與者在空白的紙張空間裏，自在、任意地畫出「此時此刻」自己內在的情緒。情緒展現的線條可以是簡單的線條、幾何圖形，也可以是抽象的圖案；創作的時間也非常有彈性，可以是五至十分鐘，也可以長達二十至三十分鐘，直到自己覺得「滿足或足夠」了。

　　我們的情緒有時會讓自己陷入混亂，任何事情都變得毫無章法；此時，必須在混亂中找到一個「中心」，把一個即將散落的生活或心情重新組合並找出新的秩序。曼荼羅就是讓我們從混亂中營造秩序的好方法，在情緒混亂時，彩繪曼荼羅是心靈減壓的方法之一。筆者也曾經連續進行三個多月的每日曼荼羅繪畫，並融入每周一次的讀書會引導活動；每天同一個時段、在家裏同一個地方來繪製曼荼羅，深深地體驗到曼荼羅對個人情緒調適與療癒的神奇力量。記得有幾次正好在工作上遭遇委屈，不服輸的個性讓自己臉上仍然掛著慣有的笑容；但是在繪製曼荼羅時，突然有一份「悲從中來」的情緒從丹田（臍輪）的位置湧上來，一陣痠疼的感覺直衝到胸口；手上的蠟筆不停地在畫紙上繞圈，並形成一個深邃的大眼睛，當下看著大眼睛，不停地掉淚。多年前身體與心理的感受、被安慰的心仍然清晰可憶；當時真實地體會到自己的心被瞭解、情緒被接納；因此能夠接受受傷或不滿足的心

理狀態,重新出發、往前邁步。

目前坊間有很多心靈成長課程都曾經透過曼荼羅彩繪創作,引導學員探索生命、自我表達;很多靈性課程的創作引導方式讓曼荼羅增加很多神秘的色彩。事實上,曼荼羅是一種非常真誠、開闊、具有創造性的自我表達,是每個人可以學習、可以使用,且非常簡單易行的一種情緒調適策略。每一次的彩繪創作、自我表達都是獨一無二的,都是個體心靈情感的湧出,是流暢的,也是獨特的。在創作過程中,創作者在有限的空間內,反覆添加色彩、筆畫、素材,創作過程與產出充滿了開闊性與可能性。高齡者在失去主導權與健康後,生活中的挫敗經驗,甚至經歷喪親之痛後,容易產生存在危機感,甚至感受到被剝奪的威脅。此時需要回到內部自我關係來觀看自己,透過自我鬆動、舒緩壓力、接納,漸漸觸及潛意識的能量空間。例如,有一位長輩曾經不小心忘了關火,差點釀成火災,被家人禁止獨自烹煮,這讓她失去自主能力,強烈打擊自信心。在很多次的曼荼羅創作中,她一次一次讓自己受到傷害的內在情緒出現、釋放,真正理解自己退卻、恐懼的潛意識,同時學習「正向心錨」[2]的設定(秦秀蘭,2016)的設定,內心才逐漸安適下來。

目前坊間曼荼羅彩繪有兩種類型,一種是採用現成的圖案,讓參與者自行上色;另一類則採開放式彩繪,引導者通常先進行

---

[2]「心錨」是神經語言程式學(Neuro-Linguistic Programming, NLP)常用且很好用的一種技巧,心錨的設定能幫助我們建立習慣與行為模式、改變心情、調整身體心靈狀態。例如,當我們處於心情愉快、感到非常快樂的時候,試著雙手互拍三下。重複多次以後,下次碰到心情低落時,透過雙手互拍,可以立即喚起內在愉快的感受。日常生活中,一聽到我們喜愛的歌曲或旋律,會自然地感到一種放鬆感覺,也是正向心錨的應用。

冥想引導、靜坐引導，再由參與者自由繪製內心的圖像。在曼荼羅的引導時，筆者嘗試過完全開放，先放鬆、冥想後，直接自由彩繪，但效果並不理想，參與長輩們也承受很多的壓力。也曾經以現成曼荼羅彩繪紙板來上色，但發現不僅會限制長輩們的思考，細小的區塊上色也不適合年長的長輩們。因此筆者以半開放式的彩繪為主，由簡入繁地引導高齡者單純、自在地畫出自己當下內心的想像。很多長輩小時候畫畫的挫折感很深，看到白色紙張很容易產生退卻、不安的感覺；所以引導的順序與技巧、彩繪的工具使用非常重要。

◆高齡曼荼羅創作引導步驟

第一次曼荼羅創作的紙張最好使用3：2比例的白色小張卡紙，先用鉛筆圓規在紙張中央輕輕畫一個大圓，再提供給長輩作畫。讓長輩學員知道，這個圓是開闊的，無論現在的心情如何，都可以用喜歡的顏色把自己心情表現在這個圓內。至於彩繪的工具可以從長輩們最熟悉的十二至二十色的粉蠟筆入手，經濟又方便，最容易鼓勵長輩勇敢創作。在情境討論或身體動作引導體驗之後，請長輩選擇自己最喜歡的顏色，從簡單的線條開始，或者從單純塗滿顏色開始，讓創作者用自己的心帶著自己的手畫出線條、畫出顏色，只要能表達自己當下內心的感受就好，以後再逐漸加入複雜的幾何圖形。

以下詳細介紹曼荼羅創作的四個引導階段：

- **預備階段**

    1. 準備3：2比例的空白卡紙，大小不拘，事先在中央以鉛筆圓規畫一個大圓。之所以選擇3：2大小的紙張，是希望讓創作

紙張上多一些彈性空間，讓創作者可以自由寫下自己當下內心湧現的字詞或想說的話。
2. 選擇基本十二至二十色的粉蠟筆、彩色鉛筆或彩色筆，務必每人一盒，避免創作時受到他人的干擾。
3. 必要時可以準備短尺或圓規，讓學員自在使用。

· 活動參與、身心體驗階段

1. 無論是單獨使用輕柔的音樂來引導，或者帶領一次靜坐，都能夠讓學員傾聽自己內在的聲音。
2. 可以安排角色扮演、案例討論，讓學員透過人際互動；也可以帶領簡單的肢體舞動、暖身遊戲等。等參與長輩全心投入、內心有所感的時候，再接著進行曼荼羅彩繪。

· 創作彩繪階段選擇顏色，憑直覺輕鬆創作

1. 曼荼羅的創作時間可長可短，可以短短五至六分鐘以線條或曲線表達當下的情緒，也可以做二十至三十分鐘的創作，慢慢地創作直到覺得滿足為止。
2. 創作完成後，為創作作品命名，並在紙張空白處寫出創作當下的心情。
3. 註明作畫日期，並決定曼荼羅圖像的方向。
4. 引導每一位學員將創作作品放置在正前方遠處，讓自己和曼荼羅作品做一個短短的對話。
5. 在實際引導過程中，為了鼓勵初學長輩輕鬆地自我表達，可以給一點「暗示」，以降低參與者的挫折感。例如與手、眼睛有關的創作，都可以協助長輩以個人身心感受為基礎，做

很好的創作表達。長輩們的創意源源不絕：每一張圖像都反映出他們的情緒或當下的感受。例如王媽媽的創作《我的左手，辛苦妳了！》。

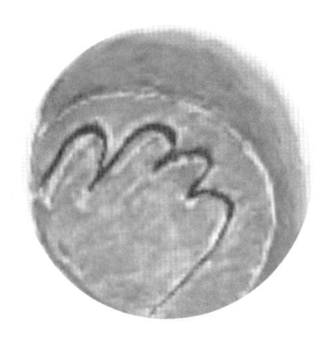

主題：我的左手，辛苦妳了！

自我表達：非常感謝，從來不知道自己可以畫圖。這樣很好，我用自己的右手畫出左手。謝謝左手，辛苦妳了。

後記：王媽媽中風多年，這一次創作，她先用右手把左手提起來放在卡紙上，畫出輪廓，再接著彩繪其他的顏色。感恩王媽媽的分享。

• 創作後的自我表達引導階段

曼荼羅又稱為心輪，每一個圖像都是彩繪者個人內心思維、情緒的反應，因此非常適合用來作為高齡者抒發個人情緒、表達個人內心世界、甚至表達個人潛意識的媒材。但是曼荼羅圖片的自我表達是非常個別化的，甚至有私密性意涵。無論是小團體或團體模式的活動引導，乃至個別的輔導與會談，都必須尊重創作者的意願，由創作者決定是否分享創作作品，決定願意表達的內容與情感深度。

進行圖像詮釋、文字或口語自我表達時，引導者可以給予一些引導和協助，包括：可留意顏色的共通性、最核心的顏色、第一筆彩繪的顏色、特別加深的顏色等等，都是引導的主要方向。曼荼羅圖像中白色、黑色、黃色、紅色、藍色和綠色等幾個基本

顏色，繪圖中的主要圖形，例如：彎線、直線、螺旋狀、水滴、眼睛（曼荼羅的原型）等等，都可能反映出彩繪者當下不同的心靈狀態。

筆者試著呈現個人幾個曼荼羅作品，並做一些自我表達的範例，這幾張圖片都曾經幫助筆者順暢表達創作當下的內在情緒。這些創作不需要任何美術基礎，也沒有任何美術作畫的壓力，只是順著自己當下的情緒，選擇正在「呼喚」我們的不同顏色粉蠟筆、彩色鉛筆或壓克力顏色等等，如實地把我們當下的情緒、身體的感受畫在紙張上，這樣的過程總能讓我們感到無比的舒暢、安適。

曼荼羅彩繪引導流程說明

一、預備工作：準備3:2的紙張、粉蠟筆或彩色鉛筆、尺或圓規

二、引導活動：
1、引導學員冥想或聽輕柔音樂、案例討論、體驗等。
2、選擇顏色，憑直覺輕鬆畫出當下心裡的感受。
3、為作品命名、並寫出作畫當時的心情。
4、寫下創作日期、創作者姓名或小名；標示曼陀羅的方向。

三、自我表達引導：
1、利用一點時間讓創作者遠遠地欣賞作品，並與曼陀羅對話。
2、給予曼陀羅一些適切的意義，例如留意顏色的共通性，作品的核心、第一筆的顏色、特別加深的顏色等。
3、試著做更多的自我表達、文字或口語的自我敘述。

準備3:2的紙張或卡紙
↓
身體或心理的體驗
↓
畫出內心當下的情緒
↓
為作品命名、定位
↓
與曼荼羅作品對話
↓
文字或口語自我表達

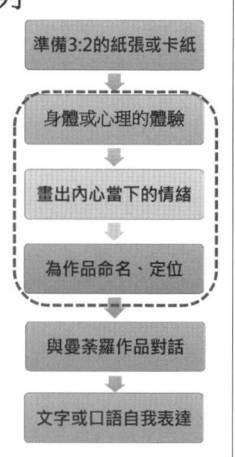

圖1-2　曼荼羅彩繪引導流程說明

主題：把自己收起來放口袋裏

自我表達：第一筆畫的是大嘴巴，似乎有話想說。接著是清澈的大眼睛，以及正在學習的八卦圖案。這些內在的想法一個一個跑出來，而且很想與人分享。也許我不喜歡自己這樣的個性，所以最後用一個袋子把自己收起來，放在口袋裏。

主題：韌性

自我表達：今天的心情很複雜，先用壓克力畫了明亮的黃色和大紅色，感覺內心有一股力量要出來。但是深藍色最能代表今天晚上沈重的大腦。一邊創作時，一邊擺動身體，心情似乎慢慢地靜下來，可以思考了。最後一筆是數字8，它不只是一個數字，而是一種生活的儀式，它讓自己的心能夠穩定下來。

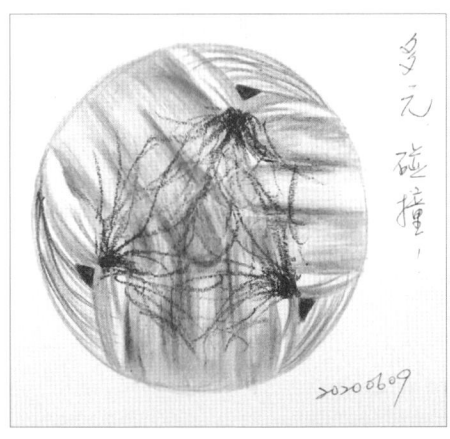

主題：多元、碰撞

自我表達：今天以手的圖案來作畫，畫完後覺得不滿足，加了無數個放射線條，似乎更能表現當下的心情。也發現自己邁入高齡期後，更期待與人連結了呢！

◆建立一個荼羅彩繪的生活儀式

期許有更多的高齡夥伴能夠將曼荼羅彩繪融入日常生活中，成為生活中的一種儀式。建議每日的曼荼羅彩繪（創作時間可以是十分鐘到三十分鐘不等）與日記書寫格式與範例如下。期待有更多人投入高齡者曼荼羅創造性自我表達的教學與引導。

·曼荼羅彩繪日記書寫指引

1. 日期和時間：記錄當天的日期和進行曼荼羅彩繪的時間。
2. 當日心情和狀態：簡單描述自己當日的心情和身體狀態，以有助於反思彩繪過程中的情緒變化。
3. 彩繪前的準備：描述開始彩繪前的準備過程。例如，選擇的顏料、工具，環境的設置如音樂、燈光等。
4. 當天的靈感來源：記錄當日靈感的來源。可能是自然景象、一段回憶、一首音樂，或是當天的心情。
5. 彩繪過程：描述彩繪的過程。可以記錄自己選擇了哪些顏色和圖案，以及在彩繪過程中的感受和想法。
6. 完成後的感受：當彩繪完成後，記錄自己的感受。是否感到放鬆、滿足，或是有其他特別的情緒體驗？
7. 曼荼羅圖案的涵義：分析並解釋完成的曼荼羅圖案。談談這些圖案和顏色對個人有什麼特別的意義。
8. 與生活的連結：思考並記錄這次彩繪如何與日常生活中的事件或感受相關聯，可以幫助我們理解曼荼羅彩繪對於情感和心理的影響。
9. 未來的計畫：寫下明日或未來的曼荼羅彩繪計畫，包括希望探索的新圖案、顏色或是想要嘗試的新技法。

・曼荼羅彩繪日記範例

日期：2024年7月11日

時間：下午3:00

心情和狀態：今天天氣晴朗，心情不錯，感覺很平靜和放鬆。

彩繪前的準備：今天我選擇了水彩筆和一些亮色的顏料，在陽臺上進行曼荼羅彩繪。播放了一段舒緩的鋼琴曲作為背景音樂。

當天的靈感來源：今天的靈感來自於早晨散步時看到的一片美麗的花田，那些鮮豔的花朵和綠油油的草地給了我很多靈感。

彩繪過程：在紙上畫出了幾個圓形，然後開始用不同的顏色填充每一個部分。過程中感覺非常專注，思緒隨著顏料的流動而變得平靜。

完成後的感受：完成後感覺非常滿足和放鬆，似乎所有的壓力都消失了，內心充滿了喜悅。

曼荼羅的涵義：今天的曼荼羅以暖色調為主，象徵著希望和生機。中心的紅色花朵代表了生命的熱情，而周圍的綠色和藍色象徵著平和與自然。

與生活的連結：這次的彩繪讓我想起了童年時在鄉間玩耍的時光，那種無憂無慮的感覺。也讓我反思了現在的生活狀態，提醒自己要多多享受當下的美好。

未來的計畫：明天想嘗試使用冷色調來創作曼荼羅，看看會有什麼樣的效果。也想嘗試不同的圖案，或是加入一些細節來豐富整體畫面。

(三)結語

　　隨著歲月的累積，幾乎每一位高齡者內心都有許許多多未打開的心結，甚至有許多「未竟之事」需要處理，卻被當事人深深地鎖在潛意識裏。Pike（2014）因此主張大量使用創造性自我表達，引導高齡者透過自在、獨創性的自我表達，讓自己能擁有並能夠感受內心的自由、無拘無束的思維，享受老年生活的自在幸福。創造性自我表達的體驗讓高齡者的老年期生活更有意義，透過創作、表達，參與創作的長輩才有機會與自己的內在溝通、與別人溝通，也有機會與社區、外在的自然與人文環境溝通。創作的靈感可能源自參與者的內心情感、壓力源、家人關係、生活的困境、對親人的懷念等等，都與參與者的生活息息相關。藉由這樣的溝通，高齡者得以與自己的內在、潛意識，以及他人獲得連結，因此擁有情緒上的安適感，這正是人文存在治療所強調的「連結感」（connection）。

　　個體的情緒是自我建構的結果，正所謂一切唯心造、思想決定一切、人生的模樣，皆源於自心的編織勾勒，「心」是轉動世界的絕對法則（稻盛和夫，2020）。因此，筆者以《地藏王菩薩本願經》中「覺林菩薩偈」的一段話做為結語，並與大家共勉！

> 譬如工畫師，分布諸彩色，虛妄取意象，大種無差別，大種中無色，色中無大種。亦不離大種，而有色可得。心中無彩畫，彩畫中無心。然不離於心，有彩畫可得。彼心恆不住，無量難思議。示現一切色，各各不相知。譬如工畫師，不能知自心，而由心故畫，諸法性如是。心如工畫師，能畫諸世間，五蘊悉從生，無法而不造。如心佛亦爾，如佛眾生然。

應知佛與心，體性皆無盡。若人知心行，普造諸世間。是人則見佛，瞭佛真實性。心不住於身，身亦不住心，而能做佛事，自在未曾有。若人欲了知，三世一切佛。應觀法界性，一切唯心造。

摘自《地藏王菩薩本願經》

討論引導

1. 表達性藝術創作是一種第三波治療的介入方式，請問「第三波治療」的核心概念是什麼？您可以舉另一種屬於第三波治療的心理輔導介入方式嗎？
2. 請問您聽過或參與過「曼荼羅」彩繪嗎？可以說說您參與過的類型、創作內容或創作經驗嗎？
3. 本書建議曼荼羅彩繪創作採用3：2比例的紙張或卡紙，您覺得3：2紙張或卡紙可以有什麼創作效益呢？

三、表達性藝術創作重要理論與引導技巧

(一)表達性藝術的涵容性與多元特質

國際表達性藝術治療協會（IEATA）（2024）認為，表達性藝術結合了視覺藝術、動作、戲劇、音樂、寫作和其他創作過程，以促進個人成長和社區發展為目標。IEATA鼓勵各種心理、社團領域能夠多多運用表達性藝術的方法，整合多種藝術形式，讓參與者可以從一個藝術流動進入到另一個藝術流動，以激發個人內在的創造力。表達性藝術強調創作的「歷程」，無論透過口語、身體、聲音或視覺，都在協助參與者自由地表達他們的思考、感受、情緒和個人經驗，以覺察個人內在的情緒、抒發個人的情感，甚至表達個人的想法。這也是目前心理諮商輔導領域鼓勵透過創造性自我表達，協助高齡者覺察自己的情緒，甚至學習梳理、調節自己的情緒。

Clarke與Wolverson（2016）等人甚至從「成長」的觀點來討論如何解讀認知障礙者的正向心理照顧取向。他們的研究認為「成長」是心理功能的正向轉變，這些轉變讓我們發展出某種新的、積極的能力；而這些能力讓我們得以適應我們目前生活的環境，讓我們擁有自我覺察的能力。由於認知障礙者在生理、心理、靈性、情緒的狀態都有非常不同程度的表現程度，因此必須重新思考對認知功能障礙者在身心靈各方面「成長」的定義。面對越來越多的高齡、甚至超高齡者，Clarke 與Wolverson鼓勵所有高齡者都應該持續參與各種體驗、創作或自我表達，才能夠在認

知功能逐漸退化的現實下，繼續擁有健康的心理狀態。

創造性自我表達的媒介非常多元，無論是書寫、彩繪、戲劇、角色扮演、音樂、詩詞、舞蹈等；無論透過口語、身體或視覺各類藝術，創造性的自我表達確實能夠提升高齡者在認知功能上的表現（Pike, 2014）。而引導者就像一位助產士（midwife）（Eisner, 2002），創造性的自我的引導者既是一位催化者、傾聽者，也是提問者與引導者，沒有批判、質問或催促。

例如，口語表達與高齡者的身心健康相關性極高，但是目前各類高齡據點，高齡者正式的口語表達機會非常少，更遑論說出自己內心感受、順暢地說出個人的生命故事等等。筆者因此呼籲所有高齡照顧者、教學者都要持續留意高齡者的自我覺察、自我表達、人際親密感的激發。創造性的自我表達是非常個別化的歷程，也有助於高齡者完成個體化（individuation）的任務，對高齡者的心理健康至關重要。

黃曉琪（2018）的研究結合生命敘事與繪畫創作，她認為繪畫能作為說故事的引子，幫助我們瞭解老人的生命故事。她的研究表示，無論生命是喜、是悲，參與研究的高齡者在晚期的時候都呈現出人生完整感的生命智慧，她也發現高齡者在家庭生命故事的文本中，自我認同會隨著時間而轉變。高齡者的自我覺察以及高齡者親密關係感受，都會隨著時間改變，在不同階段的生命歷程有不同的自我覺察與生命親密感受。這也是本書出版的主要動機，希望透過簡單的媒材，引導長輩們敞開心胸創作，表達自己內在的情緒，並與他人分享自己的觀點、想法。

(二)表達性藝術治療的重要理論

表達藝術範圍非常的寬廣，無論是肢體、戲劇、音樂、視覺藝術，創造性自我表達藝術創作對於認知或記憶訓練的助益都已受到肯定，藝術創作的療癒力來自於藝術創作過程以及創造作品的本身（Hinz, 2009; Pike, 2014）。目前有一些理論用來說明藝術創作如何增進個體心智與身體之間的連結，說明藝術創作過程對大腦皮質活動的影響，以及藝術創作對大腦認知功能的正向影響等等。有關表達性藝術治療對個體認知效益的重要理論，主要有兩種系統：一個系統是與藝術治療有關的「藝術治療關係的神經科學」（art therapy relational neuroscience principles, ATR-N），另一個系統則是由Sandra Kagin和Vija Lusebrink共同開發的「表達藝術治療連續系統」（expressive therapies continuum, ETC）。

◆藝術治療關係的神經科學（ATR-N）

ATR-N系統最初由Noah Hass-Cohen開發，由六個面向組成：創造性體現（creative embodiment）、關係共鳴（relational resonating）、表達性溝通（expressive communicating）、適應性回應（adaptive responding）、轉化性整合（transformative integrating），以及移情和同情（empathizing and compassion）（Hass-Cohen & Findlay, 2015）。ATR-N系統以這六個面向來說明藝術治療如何影情緒、認知以及行為的大腦生化作用，透過這六個面向可以瞭解藝術創作介入後，個體在情緒、認知與行為上的改變。ATR-N主要的論述是主張：個體自動化的神經系統，例如呼吸、心跳等，在意識創作過程中都可以透過意識的控制加以

改變，因此可以減少壓力或改變情緒。目前許多研究都認為，ATR-N系統為表達性藝術創作對人際關係、大腦創造力和彈性等神經科學提供了很多證據和臨床方法（Hass-Cohen & Findlay, 2015; Kaimal, 2019），也是目前正念引導、呼吸引導、臨床藝術治療工作的重要理論基礎。

◆表達藝術治療連續系統（ETC）

「表達藝術治療連續系統」（ETC）主要由Vija Lusebrink進行闡述，該系統概述了藝術創作過程中，不同創作層級以及所產生的不同程度的創意歷程。ETC是一種將藝術媒材或其他體驗性活動互動過程作分類的方法，以瞭解人們如何處理訊息或形成圖像的歷程。ETC系統讓我們瞭解大腦皮質在創造性經驗時候，大腦各部分皮質的活動情形，以及為什麼高齡者可以透過藝術創作提升認知功能。

ETC系統認為大腦訊息的運作是建基於三個層級的訊息處理方式：動覺／感覺（kinesthetic/sensory level, K/S）、感知／情感（perceptual/affective level, P/A）、認知／符號（cognitive/symbolic level, C/S）。ETC幫助藝術工作者能夠從參與者所創作的藝術作品所表達的內容，瞭解參與者心智模式的複雜程度，因而能瞭解各階段作品對大腦整合性的刺激與功能（Hinz, 2009; Lusebrink, 2010）。

ETC將人類與媒材互動的過程，以訊息處理與圖像形成的連續發展過程，由簡而繁地分類，分別為：動覺／感覺層級（K/S）、感知／情感層級（P/A）和認知／象徵層級（C/S）；以及貫穿三個層級的創意層級（Creative level）等，總計四個層級的

概念。前三個「動覺／感覺」層級（K/S）、「感知／情感」層級（P/A）和「認知／象徵」層級（C/S），同一層級間是相對的、互補的，如圖1-3。前三個層級兩端的組成要素是訊息的處理模式，在藝術創作過程中，個體從當下的訊息處理模式中，引發較高層級的功能，稱為突顯或湧現（emergent）（Hinz, 2009），並依序往上。至於第四個層級「創意層級」，則可能發生於任一層級中，也可以代表所有層級功能之整合。因此，單獨、簡單地與藝術媒材互動可能是一種體驗性活動，也可能成為個體一種創意經驗。

上述兩個系統都是從大腦皮質神經的改變，說明各種創造性的藝術創作活動對個體認知功能、人我關係覺察、情感表達能力等各方面的助益。但是年長者的表達性藝術治療領域較常使用「表達藝術治療連續系統」（ETC）作為藝術創作教學或治療引導的依據，也是筆者在進行高齡者表達性藝術創作時，較常使用的理論。因此，本書特別介紹ETC的基本概念。

創意（creative）

（左腦功能）　　　　　　　　（右腦功能）

認知（cognitive）　←-----→　象徵（symbolic）

感知（perceptual）　←-----→　情感（affective）

動覺（kinesthetic）　←-----→　感覺（sensory）

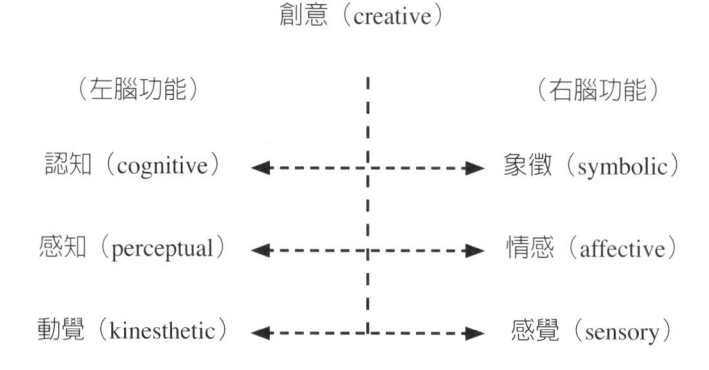

圖1-3　表達性治療連續系統

資料來源：修改自Hinz（2009）。

無論肢體、舞蹈、音樂、視覺，甚至口說藝術，ETC四個層級有其相對應的活動，各層級也有不同的身心發展意義。先將ETC三個層級的主要創作活動類型，以及活動參與後對身心的益處整理如**表1-2**，再逐一詳細說明各層級的內容。

表1-2　ETC三個層級的主要活動與益處

層級		主要創作活動	對參與者身心的益處
動覺／感覺 (K/S)	動覺層級	・舞蹈動作。 ・肢體動作。 ・人體雕塑。	1.因身體的參與，提升身體健康。 2.感官刺激激發大腦的活躍度，延緩認知功能退化。 3.緩解身心壓力。 4.增加社交互動與情感連結。 5.促進自我覺察和內在平衡與安適感。
	感覺層級	・視覺刺激：繪畫和雕塑。 ・聽覺刺激：音樂、唱歌、樂器演奏。 ・觸覺刺激：不同材質的藝術材料的創作。 ・動作協調：舞蹈和戲劇。	
感知／情感 (P/A)	感知層級	繪畫／素描／細節的描繪／使用各種材料的拼貼等等。	1.情緒表達。 2.情緒調節。 3.增強感知能力。
	情感層級	以情緒為主的各類藝術創作活動，例如創造一個心情圖板、曼荼羅彩繪或繪畫。	
認知／象徵 (C/S)	認知層級	・抽象思考創作。 ・問題解決類創作。	1.增加認知刺激。 2.象徵性表達能力。 3.增強記憶力。 4.促進自我反思與洞察。
	象徵層級	1.回憶盒子。 2.抽象繪畫。 3.隱喻藝術創作。	

資料來源：作者自行整理。

・動覺 / 感覺層級（K/S）

A.動覺層級

　　動覺活動通常是單純的身體動作，是個體在學會口語表達之前蒐集資訊的方式。透過專注於動作本身，帶來心理和身體上的變化，這是一種行動導向的活動；在這樣的活動中，參與者能夠釋放緊繃感並增加對身體的覺察。動覺活動在舞蹈藝術部分最為普遍，通過帶領者引導的動作，讓參與者產生創造性的動作，同時強調動作中的創造性和自主性。例如，在一個舞動表達性藝術的課程中，參與者會被鼓勵以自由舞蹈的形式來表達自己的情感。在這過程中，參與者的動作不需要符合任何既定的模式或規範，而是完全由內心的感受驅動。這種自由創造的過程可以幫助參與者釋放情感壓力，提升自我認知，並促進心理健康。

B.感覺層級

　　感覺層級的活動主要在於個體與各種媒材互動時所產生的內在與外在的感覺（Lusebrink, 2010）。這種互動不僅能刺激感覺系統，還能增加感覺統合，並提升整體的感覺統合健康。「感覺統合」（sensory integration）是指大腦將來自不同感覺通道的資訊進行處理和組織的能力，包括前庭覺、本體覺、觸覺、視覺、聽覺、嗅覺與味覺等，良好的感覺統合能力則能幫助我們適應環境、順利參與日常活動。隨著年齡增長，長輩的感覺系統會逐漸退化，因此導致感覺統合困難、動作協調不良、情緒不穩等問題。感覺層級的表達性藝術活動，能夠為長輩提供多樣化的感覺刺激，包括視覺、聽覺、觸覺、動作協調等多元化刺激，提升長輩的感覺統合健康。這些活動不僅能促進腦部的活化和功能的維持，還能提高他們的專注力、記憶力和情緒穩定性。對長輩而

言，感覺層級的表達性藝術活動具有特別的意義。

C.動覺／感覺層級（K/S）活動對高齡參與者的益處

整體而言，許多藝術治療工作者都認為動覺／感覺層級的活動對高齡參與者有很多方面的益處（林端容，2021；Betts, 2019; Malchiodi, 2013; Moon, 2016）：

1. 身體的參與：K/S層級的活動涉及到身體的參與，對動作技能和協調性相當有幫助。例如，使用黏土或參加舞蹈活動可以幫助保持靈活性和平衡。Cathy Malchiodi指出，這些活動不僅有助於提高身體的靈活性和協調性，還能促進肌肉的強化和關節的靈活性，從而改善整體身體健康。

2. 壓力的緩解：動覺活動具有冷靜和壓力紓解的效果，能夠幫助減少緊張，特別是對老年人的躁動有緩解作用。Bruce Moon也認為，動覺活動能夠通過身體的釋放和表達來緩解心理壓力，從而達到心理和生理上的雙重放鬆。

3. 感官的刺激：如手指畫或使用各種材料，可以刺激感官，對失智者或感覺處理有問題的對象非常有幫助。這些活動能夠喚醒沉睡的感官，幫助參與者重新連接他們的內在感受和外部世界。Donna Betts和Bruce Moon及國內林端容教授都強調，感官刺激對於失智患者格外重要；因為感官刺激能夠激發大腦的活躍程度，延緩認知功能的退化。

4. 社交互動和情感表達：K/S層級的活動很適合在團體環境中進行，可以提供社交互動機會。參與者可以透過共同創作和互動，增強彼此之間的聯繫和理解，從而促進社交技能的發展。

5. 促進自我覺察和內在平衡：K/S層級的活動幫助參與者增強對自己身體和情感狀態的覺察。例如，自由舞蹈可以幫助參與者感受身體的動態與身體能量的流動；透過體驗活動後的團體或個人討論，更可以幫助參與者覺察創作過程中的生理與心理感受，提升自我覺察力與內在的平衡感。

・感知／情感層級（P/A）

A.感知層級

感知層級的活動包括：繪畫、素描、細節的描繪、使用各種材料的拼貼等等。實際授課中常有學生問到：P/A層級的感知（perception）與K/S層級的感覺（sensation）有什麼不同？因此將感覺與感知說明如**表1-3**和**表1-4**。「感覺」（sensation）是指感官（如視覺、聽覺、觸覺、嗅覺和味覺）接收到外部刺激並將其轉換為神經信號的過程。這些神經信號被傳遞到大腦，成為感知的基礎。感覺是信息處理的第一階段，涉及到外部刺激的直接檢測和轉換。感覺過程相對的客觀，主要是依賴感官系統的生理特性；主要相對應區域是大腦的初級感覺區，如視覺皮層、聽覺皮層等。例如：眼睛接收到光線，視網膜上的感光細胞將光信號轉換為神經信號；耳朵接收到聲波，耳蝸內的毛細胞將聲波轉換為神經信號。

「感知」（perception）則是指大腦對從感官接收到的神經信號進行解釋和理解的過程。感知是將感覺信息轉化為有意義的經驗和知覺。感知是信息處理的高級階段，涉及到大腦對感覺信號的解釋、整合和理解。感知過程具有主觀性，受個體的經驗、記憶、期望和情感影響；涉及更高層次的大腦區域，如聯合皮層和

前額葉皮層。例如：將視網膜接收到的光信號解釋為一棵樹的形象；將耳蝸接收到的聲波解釋為一首熟悉的歌曲等等。

總之，感覺是指感官系統接收和轉換外部刺激的過程，而感知是大腦對這些感覺信號進行解釋和理解的過程。感覺提供了感知的原始材料，而感知則賦予這些原始材料一些意義。首先整理感覺與感知在視覺藝術中的應用分類表如**表1-3**。

表1-3　感覺與感知在視覺藝術中的應用分類表

層級	感覺（sensory）	感知（perception）
視覺	各種顏色和形狀的材料能夠刺激視覺，如畫筆、顏料、彩色紙等。 利用光影的變化來創造視覺效果。	將顏色和形狀轉化為情感表達和內心想法。 通過光影效果感知環境的變化和氛圍。
觸覺	不同質地的材料引發不同的觸覺感受，如黏土、紙張、布料等。	感知不同材質的觸感和溫度，並在創作中反映這些感受。透過觸摸來理解和表達內在情感。
聽覺	音樂和各種聲音（如風鈴、鼓等）刺激聽覺。	將聽到的聲音轉化為視覺藝術作品。也能夠透過音樂感知節奏和情感的變化。
動覺	在藝術創作中加入身體動作，如大幅度地畫筆揮動或雕塑黏土。	感知身體動作的範圍、力度和速度。以身體動作來表達內在情感和想法。

資料來源：作者自行整理。

接著再以舞蹈或肢體動作類的創作活動，說明感覺與感知之間的差異如**表1-4**。

表1-4　舞蹈／肢體動作中感覺與感知的差異

層級	感覺（sensory）	感知（perception）
視覺	使用鏡子、燈光或顏色鮮豔的道具來引起視覺注意力。	感知視覺刺激，並理解其對情緒和行為的影響，例如顏色如何影響心情。
觸覺	接觸地面或道具，引起身體不同部位的感覺。	感知不同道具和地面的觸感，並理解這些觸感如何影響自己的身體覺察。
聽覺	使用音樂和聲音，通過不同節奏、音調和風格來刺激聽覺。	感知音樂和聲音，並理解其對情緒和動作的影響，例如節奏如何影響動作速度和力度。
動覺	舞蹈動作來感覺身體的運動範圍和質量，如力度、速度和節奏。	感知和理解不同動作的影響，例如緩慢動作帶來的平靜感和快速動作帶來的興奮感。
本體覺	專注於身體在空間中的位置和動作的協調性。	感知和理解身體在空間中的位置，例如感知到與他人的距離和位置的變化，並理解這些變化對自己和他人的影響。

資料來源：作者自行整理。

B.情感層級

　　情感層級為主的活動多數是以情緒為主的藝術創作活動，例如創造一個心情圖板、繪製一個曼荼羅的圖像。以情感為主的活動讓個體可以透過色彩、形狀、創作內容來表達他們的情緒。對於那些難以用口語方式表達情緒的長輩，格外重要。透過藝術創作，他們能夠在沒有語言壓力的情況下釋放內心的情感，可以更適當地理解和處理自己的情緒感受，促進心理健康。透過抽象色彩作為情感的表達與溝通工具，或者跟隨音樂繪畫，都能夠幫助參與者觸及感受並表達情感，讓長輩更自由地表達內心的真實感受。

因此在活動引導時，活動帶領者可以進行與感覺有關的詢問或引導，例如：在使用媒材時，可以問：

「你現在的感受如何？」

「說說你現在的感覺……」

這樣的提問可以幫助長輩在創作過程中或結束後感受到情感，並鼓勵他們更多元地回答。透過討論能夠深化參與者對自己情感狀態的瞭解，促進情感的表達。

C.感知／情感層級（P/A）活動對高齡參與者的益處

對高齡者而言，隨著身體生理機能逐日下降，自主性、開闊性的藝術創作對於高齡者身體意識的覺醒格外重要。個體對身體意象的關注，甚至可以協助高齡者留意平時被疏忽的一些器官。例如，有偏頭痛的高齡者，常常會借助藥物來減少疼痛感，忽略了身體自我修護的功能。事實上，透過肢體的開發、全心投入創作時身體所產生的和諧共振波，都可以引發身體自我療癒能力。整體而言，感知／情感層級的活動對高齡參與者有以下的優點：

1. 情感表達：使用藝術來表達情感，幫助長輩以非語言的方式表達孤單、悲傷或憂鬱等情緒。透過創作，他們能夠釋放內在壓力，減少情感上的負擔。

2. 情緒調節：表達性的藝術活動提供了一種結構化但靈活的方式來調節情緒。參與者可以通過這些活動改善心情，並達到情緒穩定的效果。

3. 增強感知能力：這些活動需要專注和細緻的觀察，有助於提升視覺和感知能力，並對認知功能的維持具有積極作用。

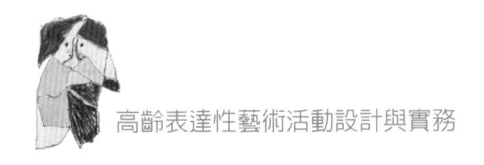

無論是情感表達、情緒調節能力或感知能力的提升，「感知／情感層級」（P/A）活動對個體身心發展與健康很有幫助，對末梢神經與心理認知逐年下降的高齡者也非常重要。例如，Haeyen Suzanne（2018）特別強調藝術創作對高齡個體「情緒調節與感知能力」的幫助。無論透過肢體、色彩、律動、音樂等，自主性的表達性藝術創作不僅能夠協助高齡者對個人當下情緒的覺察，更能夠促進高齡者的人際關係與社會互動知能，也是本書很多活動設計的主要目標。

- 認知／象徵層級（C/S）

A. 認知層級

認知層級的活動包括：寫作、口語表達、具有問題解決性的藝術活動等。認知性活動需要較高階的思維能力，透過這類活動，長輩能夠維持甚至提升自己的認知功能。因此，認知層次的活動討論的引導非常重要，可以讓參與者仔細思考問題與解決方法、增加認知功能運作機會。例如可以問長輩：

「在創作過程中是否遇到了哪些挑戰？」
「你是如何克服這些挑戰的呢？」
「這一個作品讓你連想到什麼呢？你最想與我們分享的是什麼？」

這些討論引導提示都可以鼓勵高齡者的大腦認知運作功能，激發他們的抽象思維和問題解決能力。

B. 象徵層級

象徵層級是高齡期自我表達藝術創作非常重要的層面，象徵層級的活動包括：創造回憶盒子、蒐集重要記憶相關的物品，幫

助高齡者整理和理解過去的經歷；也包括進行抽象繪畫創作、隱喻藝術創作等等。參與者使用符號和隱喻的創作，可以探索更深的意義、表達個人內在的情感、價值感與認知模式。例如，讓參與者畫出一棵樹，並用不同的部分代表他們生活中的不同方面，例如，根代表家庭，樹幹代表自我，枝葉代表夢想和希望等等。甚至可以引導長輩創作生活故事書、回憶錄，甚至行詩歌創作，都可以記錄他們的人生經歷和重要事件，讓他們在書寫和創作中找到生命的意義和價值。

目前各類高齡教學都會鼓勵參與長者在團體中分享他們的創作，並討論畫中的象徵意義，這種互動、分享、自我表達，都屬於「認知／象徵層級」（C/S）的引導活動。能夠促進創作者彼此關係的連結，還能幫助他們從不同角度理解和詮釋他們的作品，非常值得鼓勵。

在視覺藝術領域中，常見的「認知／象徵層級」（C/S）創作引導方式包括：抽象思考、藝術創作中的隱喻、主題創作等，例如引導長輩創作一幅代表他們當下情緒的圖畫，但不能使用具體的形象，只能用顏色和形狀來表達。或者提供一個抽象主題，例如時間、自由等，讓長輩開放地進行創作。或者請長輩自行選擇創作材料、顏色搭配、設計構圖等，都可以幫助他們維持較佳的認知和組織能力。在舞蹈、肢體動作領域的創作更為寬廣，例如使用伸展的手臂動作來代表成長或蜷縮成球，象徵自我保護。其他如反思活動、創作日記、小組分享等，都可歸屬「認知層級」。

在「認知層級」的創作引導、提示，則可以更加深入，例如：

59

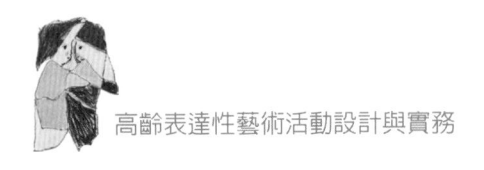

「你在創作過程中遇到了哪些困難？」

「你是如何解決這些困難的？」

「你覺得在這個過程中自己學到了什麼？」

C.認知／象徵層級（C/S）活動對高齡參與者的益處

從動覺／感覺（K/S）層級到認知／象徵（C/S）層級，高齡者在參與藝術創作過程中，從觸覺的啟動、引發身體與心理的情緒與感受，到自我覺察、探索個人身體內在的真實狀況（Amanda, 2018）。對高齡者而言，自主性、開闊性的藝術創作對於高齡者身體意識的覺醒非常有意義。整體而言，認知／象徵層級的活動對高齡者參與者有以下的優點：

1. 認知刺激：能夠專注於更高層次的問題解決能力，可以幫助高齡者維持認知健康。參與這些活動可以減緩認知能力下降的速度，促進大腦的活躍程度與彈性。
2. 象徵性表達：C/S層次的藝術活動可以引導長輩探索更深層次的生命意義，透過象徵性的藝術創作表達，他們更能表達自己的生活經驗、價值觀等，更認識自己內在的小孩，與自己的內在或潛意識做更好的連結。
3. 增強記憶力：例如記憶盒或生活敘事，都可以強化回憶，並提供生活連續性和認同感。這些活動不僅有助於喚起和保持記憶，還能讓長輩在回憶過去的過程中感受到生命的連貫和認同感。

• 創造性層級（Cr）

創造性要素穿梭在每個層級中，創意在每一個層級都可能發生，且通常具有整合性功能，是對自我功能的追求與完整性。不

論「動覺／知覺層級」、「感知／情感層級」、「認知／象徵層級」，都有創造性的要素。創造力是藝術創作與治療的關鍵，藝術創作引導者的責任就是鼓勵創造者表現，營造開放、不同的媒材刺激，讓創作者能充分展現個人創意。Carl Jung鼓勵並推展的曼荼羅就是一種具有創造、整合功能的圖像創作。ETC的連續系統並非靜止不動或朝單一方向流動，而是依照參與者不同的能力，透過各種媒材和操作方式、引導提示，帶領創作者來來回回、上上下下地在ETC系統中遊走，每一種表達藝術創作都有可能涉及ETC上的每一個層級（吳明富、徐玟玲，2016）。

(三)表達性藝術創作的引導方法

從上述ETC系統的介紹可以發現，表達性藝術創作的範疇非常寬廣，無論肢體動作、音樂、繪畫或舞蹈，每一個層級都有不同的引導方式、引導語言；同樣地，在藝術創作引導過程中，不同的引導語言，也可以帶出不同層次的藝術創作歷程與創作作品。Pike（2014）曾經以高齡表達性藝術創作引導與ETC的應用技巧為例，說明藝術創作引導者可能有的引導提示：

「請根據您在圖像中看到的線條和內容，創作一件藝術作品。」

這是一種非常簡單、常用的引導口語、引導方式，包括常見的直線或曲線、常見的幾種顏色等，請高齡者接著繪製任何當下意識湧現的任何形象或物品，是屬於「動覺／感官」（K/S）層級的引導。然而，年長者可能會根據他們當下身邊周遭所呈現的物品、圖像，一邊看著身邊的圖像，一邊連想到個人過往的經驗、記憶，藉此進行創作。這時候，長者是直接把引導者的指令帶到

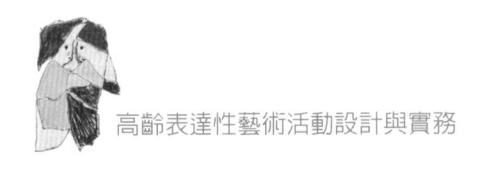

「認知／感官」（C/S）層級。相反地，如果一個高齡者選擇用引導者所提供的幾個線條，單純地創作一個個人作品，沒有刻意使用過去的記憶或背景知識，此時，這位高齡者則是將指令帶到「動覺／感官」（K/S）層級。

　　高齡者會選擇做他們此時此刻最滿意的事，只要能增強他們的情緒，有助於他們的社會互動，參與創作者當下對引導指令的回應就足以刺激他們的創造力與認知發展。由此可知，無論是視覺藝術、肢體動作、音樂或舞蹈創作，表達性藝術創作引導者在引導高齡者進行創造性自我表達時，除了對高齡者的身心發展有一定程度的認識外，務必掌握幾個關鍵因素，包括：引導的流程、引導語的使用以及創作過程中的討論提示。

◆創造性自我表達創作的引導流程

　　Pike（2014）大力鼓勵高齡教育工作者和高齡照顧機構工作人員，透過表達性藝術創造進行高齡者的創造性自我表達活動。Pike根據自己的研究與經驗表示，無論高齡者是否有認知功能或肢體的障礙，每一位高齡者都能夠從表達性藝術創造活動過程中受益。

　　Pike將創造性自我表達的引導分為五個階段，包括：引導階段、鼓勵增強階段、提供範例、給予暗示或提醒、選擇或統整不同的表達形式等。Pike特別強調「開始」與「結束」二個階段的引導與討論提示。

- 引導階段

　　開始的階段可以帶領創作參與者彼此認識，討論他們自己最近發生的事情，以及這些事情給自己的啟發。如果是第二次以後

的課程，可以針對前一次的藝術創作作品或心得做一些個人的回應。引導階段大約八至十五分鐘，依單次活動時間可以彈性調整。

・鼓勵增強階段

第二個階段可以把重心放在藝術創作的主題上。例如讓創作者認識一些與活動主題類似的藝術創作作品。同時引導參與者討論個人對這些創作作品的觀點、心理感受等。

・提供範例階段

長輩和多數人一樣，是透過觀察來學習的。讓年長者觀察帶領活動者的示範將有助於他們的整體學習。然而如何引導範例，啟動長者的創造力，而不是模仿活動帶領者的創作內容，可以採取以下方式：

1. 強調過程而非結果：在示範時，重點放在創作的過程而不是作品的最終效果。可以邊示範邊解釋引導者的思維過程，例如：「我在這裏使用這種顏色，因為它讓我想起了⋯⋯」、「我覺得這裏可以嘗試加一些不規則的線條，看看會產生什麼樣的效果。」

2. 展示多樣性：提供多種示範的材料或是方式。同樣的技法可以展示幾種不同的運用方式。例如用不同的工具或顏色組合，藉此說明創作沒有唯一正確的答案。

3. 引發聯想：示範時，可以引導長輩聯想到他們的生活經驗或個人回憶。例如，示範一條曲線時，可以問：「這條曲線讓你聯想到什麼？是某種東西嗎？」鼓勵他們把自己的情感和回憶融入到作品中，形成獨特的作品。

4. 開放式提問：在示範過程中，不斷提問例如：「你覺得在這

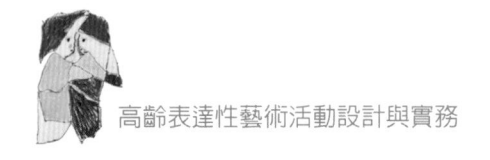

裏可以加點什麼？如果換一種顏色會如何？」透過問題鼓勵年長者思考自己的創作選擇，而不是被動地模仿。

5. 鼓勵個性化的表達：鼓勵長輩用作品講述自己的故事，或表達他們當前的心情。例如：「如果你用這幅畫來表達今天的心情，你會用什麼顏色和形狀？」

6. 減少具體指導：示範時，避免過於具體的操作指導，或是太完整的示範，而是讓他們自行決定如何表現。

・給予暗示或提醒階段

　　創造力往往與時機有關，長輩可能需要協助，在特定的時間點進行特定的動作。最好的提醒是在預期動作發生之前，而不是在錯誤地執行後。在長輩團體藝術創作中，長輩們可能會需要以下提醒來幫助他們順利完成創作並享受這個過程：

1. 步驟提示：在每個創作步驟開始之前，提醒他們即將進行的動作。例如：「接下來，我們會使用不同顏色的畫筆來繪製背景。」在完成一個步驟後，簡要回顧一下，幫助他們理解整個過程。

2. 時間管理：提醒他們創作的時間，讓他們有心理準備地完成創作。例如：「我們還有十分鐘時間來完成，你可以看看還有哪裏要完成的。」

3. 姿勢與操作：在需要精細操作時，提示他們如何握筆或使用工具。例如：「輕輕握住畫筆，這樣你會更容易控制線條。安全使用創作工具，如剪刀。」

4. 鼓勵創造力：鼓勵他們自由表達，不用過於拘泥於具體的形象或標準。例如：「你的作品不需要和別人一樣，重要的是

你喜歡自己的創作。」
5. 放鬆與休息：提醒長輩們適時休息。長輩在專注於創作中，也會忘記喝水跟上廁所的，可以給長輩一些提醒，讓身體得到舒緩。
6. 作品完成的感受：提醒他們關注自己的情感和內心感受，讓他們能夠透過藝術創作表達內心的感受。例如：「當你完成作品時，欣賞你的作品，帶給你什麼樣的感覺？」

・選擇或統整不同的表達形式

　　創造力需要對時間和情境的敏感度。在某些情境下有效的方法，在另一種情境下可能就無效了。例如有的創作適合用水彩，有的適合複合材料。由於長輩的創作經驗有限，需要帶領者提供適當的建議與協助，才能拓展長輩的創作。鼓勵長輩按照自己的風格和喜好進行創作。例如：選擇你喜歡的顏色和形狀，這是你的創作。在完成作品與創作的過程中，帶領者給予適當的建議，讓長輩的作品更加完整，更具有個人特色。

　　上述的活動引導流程與Behrndt等人（2017）的概念相符，Behrndt等人將高齡照顧機構單次活動分為：社會性互動、感官體驗、認知、手作緩和等四個類型。根據大腦神經認知科學研究，高齡期大腦在老化過程中，情緒感受度彈性會逐漸降低，高齡者情緒一旦興奮後，比較不容易回復原有的平靜狀態。因此，主要體能活動或強度較大的學習之後，一定要安排適當的緩和活動，讓高齡者情緒平穩下來（摘自秦秀蘭，2021）。對此，Pike（2014）也詳細地說明每周一次的活動與每週二次、甚至三次的活動安排，需要有不同的流程規劃。

以下以Pike一個九十分鐘的視覺表達藝術為例（**表1-5**），說明五個階段的時間安排與引導內容。

表1-5　九十分鐘的視覺藝術創作活動安排範例

時間分配	活動目標	活動引導
10分鐘	言語／情節記憶刺激（短期記憶）	・場地教材安排。 ・詢問長輩上次活動以後的生活經歷。 ・詢問長輩對上次活動有什麼印象。 ・說明本次活動的內容和目標。
35分鐘	視覺搜索和辨識	・呈現符合長輩的教材、各類圖像、創作類型等。 ・鼓勵長輩彼此討論，充分表達個人的所思所見、運用技巧完成任務。
10分鐘	歸納推理	・長輩們互相交談，討論彼此的創作。 ・在觀看他人的作品時，鼓勵長輩透過圖像進行推理，充分進行口語表達。
25分鐘	言語／情節記憶刺激（長期記憶）和視覺搜索和辨識	・在描述個人創作作品時，鼓勵長輩識別個人圖像的意義，並將這些圖像融入他們的生活中。 ・鼓勵長輩作生活回顧，鼓勵並總結。
10分鐘	言語／情節記憶刺激（短期記憶）	・引導長輩記住本次活動的目標。 ・鼓勵長輩描述這些活動目標是如何實現的。例如描述積極的互動、情緒感受，以及會話中的有意義的時刻。 ・預告下一次活動。

資料來源：修改自Pike（2014）。

◆創作過程中的引導語使用或討論提示

針對參與者的創作成果給予稱讚，才能維繫興趣，指導年長者做藝術創造時，最困難的是讓他們持續保持興趣，要找出可以支持他們持續創作的一個信念（Betts, 2019; Malchiodi, 2013; Pike,

2014）。引導者在引導過程中必須試著持續給他們語言上的鼓勵，但是對高齡者作品的評論不適合說「今天畫得好棒！」「有進步！」「顏色好美！」等等，可以多一點與他們的生活連結的讚美。

例如：

- 你選擇的顏色讓我感受到了一種平靜，這是不是你常常在早晨感受到的？
- 這些線條讓我感受到充滿力量。
- 這些色彩讓我感到愛的感覺，真是溫暖。
- 這裏的顏色搭配好像是花園一樣，是不是從花園得到的靈感？
- 你這個作品的細節，讓我看到了你的耐心與細心。
- 怎麼想得到這種色彩的變化？真是吸引人啊！
- 這幅作品有種悠閒的感覺，是不是表達了你現在的生活狀態？
- 這些形狀看起來像是小時候的玩具，讓我回想起童年時光。
- 這裏的對比，有時明亮，有時陰暗，就像我們的人生有高有低，但都是非常珍貴的。
- 這個圖案真是精緻。
- 從這個作品可以感受到你對自然的熱愛，真是充滿生機。
- 這些色彩讓我感覺到一種希望和光明，這是你一直在生活中追求的嗎？
- 你創作時專注的態度，真是令人敬佩。
- 這幅畫的主題好像是你經常在想的事物，是一種發自內心的表達。

討論引導焦點

1. 根據您的所學，表達性藝術（expressive art）可以有那些不同的創作形式？
2. 根據您對ETC系統的瞭解，動覺／感覺（K/S）層次中的「感覺」與知覺／情感（P/A）層級中的「知覺」有什麼差異呢？
3. 表達藝術創作過程中，引導者的引導語言非常重要。請您試著說出三至四句適合用來鼓勵高齡者積極、勇敢參與創作的引導語或討論提示。

PART 2

高齡表達性藝術創作教學單元設計

色彩的流動舞蹈

點線奇航

你追我畫

步步留痕——創意藝術行走

兩手一起畫

觸覺之旅——用心感知，用手創造

鏡子之舞

人體雕塑

視覺新發現

情緒鏡頭探索

呼吸中的心靈畫境

心靈皺紋之美

我手畫我身

我手畫我心

掌中力量的藝術綻放

第二部分的教學單元設計都是表達性藝術創作教學的重要的活動設計，可能是90分鐘教學，也可能是120分鐘的教學，引導流程、引導語都非常有彈性，且具有延伸性。

　　不同於目前各類高齡教學據點以模仿為主的繪畫或手作藝術，表達性藝術創作強調的是在表達或創作的過程中，活動參與者或創作者當下內心世界、當下思維或情緒的展現，以及團體互動以後所感受到的內在情緒等等。無論是即興的創作或完整的作品，表達性藝術創作強調創作過程中，作品或圖像是否能傳達創作者真實的覺察、情感或認知世界，而不是創作的產品。因此，每一個單元都有「你可以這樣說」，詳細寫出重要的引導語，相信每一位高齡領域教學者都可以透過持續的練習，成為一位優秀的表達性藝術創作活動引導者。

　　第二部分教學單元設計共有十五個單元：

1. 色彩的流動舞蹈
2. 點線奇航
3. 你追我畫
4. 步步留痕——創意藝術行走
5. 兩手一起畫
6. 觸覺之旅——用心感知，用手創造
7. 鏡子之舞
8. 人體雕塑
9. 視覺新發現
10. 情緒鏡頭探索
11. 呼吸中的心靈畫境
12. 心靈皺紋之美
13. 我手畫我身
14. 我手畫我心
15. 掌中力量的藝術綻放

色彩的流動舞蹈

活動時間：90分鐘

教學目標：
- 移動下的平衡。
- 四肢身體的細微控制。
- 手眼協調。

- 準備材料：A4紙板、對開紙板（塑膠板亦可）、壓克力顏料（需先調配到濃度剛好，可以流動但不會太快的比例）、花草。
- 準備音樂：輕快的音樂。

暖身活動(一)

讓學生動一動，分別用頭、手、腳、背部、屁股、大腿、腳掌……，來畫圓圈或線條，激發學生的興趣。

你可以這樣說

1. 我們要來用身體畫畫。請大家找到一個舒適的空間，可以自由地動一動身體。
2. 首先，我們從頭開始。請大家把頭轉一圈，輕輕地轉就可以了，可以是小圓圈、大圓圈。把頭當成筆，從上到下畫一條直線，由下往上試看看。
3. 現在，換成用手來畫圖。伸出你的手臂，用你的手在空中畫圖。試看看畫直線、彎曲的線，從左到右、從上到下，

都可以試看看。

4. 接下來，我們用腳來畫圖。你可以抬起一隻腳，在空中畫圖。要小心，保持平衡。如果你覺得平衡沒問題，可以兩隻腳輪流畫。

5. 現在我們用背部來畫畫。你可以微微彎下腰，用背部來畫一個大大的圓圈，或者畫一些線條。這可以幫助我們放鬆背部的肌肉。

6. 然後，我們用屁股畫圖。這聽起來有點搞笑，但是很有趣哦！試試看，用你的屁股在空中畫一個圓圈或是一條線，或是一個圖案，感覺一下臀部的動作。

7. 最後，用你的腳掌來畫畫。可以站在地上，用腳掌或腳尖在地面上畫圖。換另一隻腳，再畫一個圓圈。這樣可以幫助我們活動腳掌和腳趾。

8. 大家做得很棒！通過這個簡單的暖身活動，讓全身的肌肉都活動起來，準備迎接接下來的創作時間。現在，你們感覺如何？

9. 學生：（自由回答）

10. 很好，讓我們繼續接下來的活動吧！

暖身活動(二)

到戶外撿拾花草，引導長輩注意周圍的環境、手指觸摸的感受。

創作過程（個人）

1. 讓學生拿著A4紙板，動一動身體，想像紙上有顏料流動。
2. 將調配過的顏料，放在紙板上。
3. 請長輩在過程中，讓顏料流動，同時全身都要動，不要靜止。
4. 顏料掉落到地板，結束活動。
5. 讓長輩將撿拾的花草，布置在紙板上，形成一幅畫。
6. 不需另外使用白膠，利用壓克力顏料，讓花草黏貼其上。

你可以這樣說

1. 現在我們要運用身體來創作。不只用手來畫畫，還要用全身來創作，怎麼做呢？
2. 首先，請大家拿著你們的A4紙板，隨意動動身體，想像一下紙板上有顏料在流動。感覺一下，如果真的有顏料在上面，它們會怎麼流動呢？你們可以隨意揮動紙板。
3. 現在我們搭配音樂，一邊動動身體，一邊轉動紙板。
4. 好，現在我們將調配過的顏料放在紙板上。
5. 請大家在顏料流動的過程中，讓全身都動起來。不要靜止，要不停地移動手和身體，讓顏料在紙板上自由流動。
6. 大家一邊動一邊觀察顏料的變化。（視情況決定結束時間）
7. 很好，現在活動結束了。請大家停下來，看看你們的紙板上形成了什麼樣的變化。我們彼此欣賞一下。（讓紙板放在報紙或廢棄的紙張上）

8. 接下來，我們要用剛才撿拾到的花草來裝飾這幅畫。請大家將你們撿拾到的花草布置在紙板上，讓它們成為畫的一部分。
9. 我們不需要另外使用白膠，直接利用壓克力顏料來黏貼花草。你們可以輕輕地將花草放在顏料上，顏料乾掉就會黏住了。
10. 完成後，大家可以互相欣賞，看看每個人的創作有什麼不同。（自由分享和欣賞作品）
11. 希望這個活動讓你們感受到創作的樂趣，並且享受這個過程。現在，我們可以一起來收拾一下，把場地整理乾淨。

創作過程（團體）

1. 四人一組，拿著紙板，動一動身體，想像紙上有顏料流動。
2. 將調配過的顏料，放在紙張上。

◎在音樂的伴隨下，長輩們輕鬆擺動身體，讓顏料隨著音符流動。顏料在紙板上翩翩起舞，卻不至於流出來，呈現出一道道美麗的色彩畫作。

◎四人一組，手持塑膠板，隨著音樂輕鬆擺動身體，讓顏料在塑膠板上流動。過程中不說話，透過眼神和動作來交換訊息，大家小心翼翼，讓顏料在塑膠板上跳舞。

PART 2

高齡表達性藝術創作教學單元設計

3. 請長輩在過程中,讓顏料流動,但是不掉到紙板外面。
4. 顏料掉落到地板,可結束活動。
5. 過程中不說話,僅憑動作與神情來交換訊息。

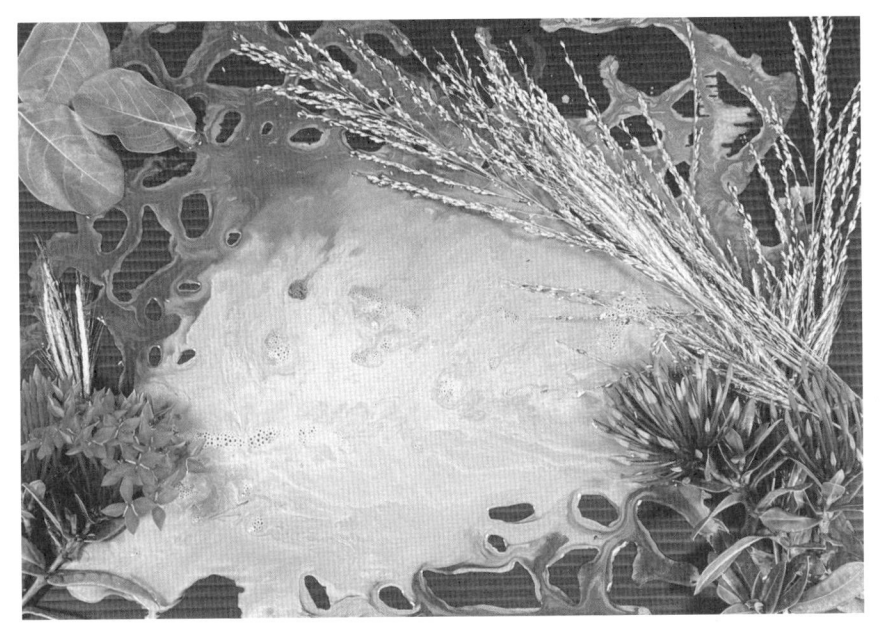

◎長輩們將撿拾來的花草布置在塑膠板上,形成一幅美麗的畫作。每一片花瓣和每一片葉子,都蘊含著他們的溫暖與細膩心思。

你可以這樣說

1. 剛剛我們有嘗試一個人的創作,現在我們試看看四個人一起創作,會更有趣喔。
2. 請找到四個人一組。
3. 四人一組,每組拿著一張紙板。首先,請大家拿著紙板,動一動身體,想像一下紙板上有顏料在流動。感覺一下,如果

> 真的有顏料在上面,它們會怎麼流動呢?你們可以隨意揮動紙板。
>
> 4. 我們現在試看看搭配音樂,是不是更流暢?我們一起移動紙板時,還有一個規則,就是不能說話,只能用眼神、身體的動作來交流,看看你們能不能達成共識。
> 5. 好,現在我們將調配過的顏料放在紙板上。
> 6. 接下來,讓顏料在紙板上自由流動,但請注意,不要讓顏料掉到紙板外面。大家要小心地控制顏料的流動。
> 7. 當顏料掉落到地板上的時候,活動就結束了。大家動起來,讓顏料在紙板上形成美麗的變化。
> 8. 好了,大家開始吧!享受這個過程,看看你們能創作出什麼樣的作品。(帶領者視情況,增添顏料在紙板上)
> 9. 當顏料掉落到地板上,活動就結束了。
> 10. 現在,我們簡單收拾一下,將作品放在乾淨的位置。
> 11. 一起來欣賞大家的作品。

觀察評估

1. 平衡能力:觀察長輩在活動中如何保持平衡,特別是當他們試圖在移動中控制顏料流動時。可以注意他們是否有穩定的姿勢,以及他們是否能夠調整身體來保持平衡。
2. 四肢細微控制:觀察長輩如何控制四肢的動作,以便在紙板上控制顏料的流動。涉及手部的靈活性和協調能力。
3. 注意力和專注力:觀察長輩在整個活動中的注意力是否集中,以及他們是否能夠長時間地專注於任務。

4. 創造力和想像力：長輩是否能夠展現創造力編排顏料和花草，並將它們組合成獨特的作品。
5. 團隊合作：觀察長輩如何與其他人合作。他們是否能夠有效地與他人溝通和協作，以實現共同的目標。

分享和討論

1. 創作心得分享：學生展示他們的作品，分享創作過程和心得。
2. 控制顏料的心情探討：對於控制顏料，有什麼樣的心情？為什麼呢？緊張、愉悅、生氣、好玩……。
3. 顏料流動控制：如何控制顏料的流動，以及如何調整姿勢和動作來實現他們想要的效果？
4. 個人美感分享：如何選擇花草的，以及組合這些花草？
5. 個人偏好與原因：喜歡個人創作還是團體創作？為什麼呢？

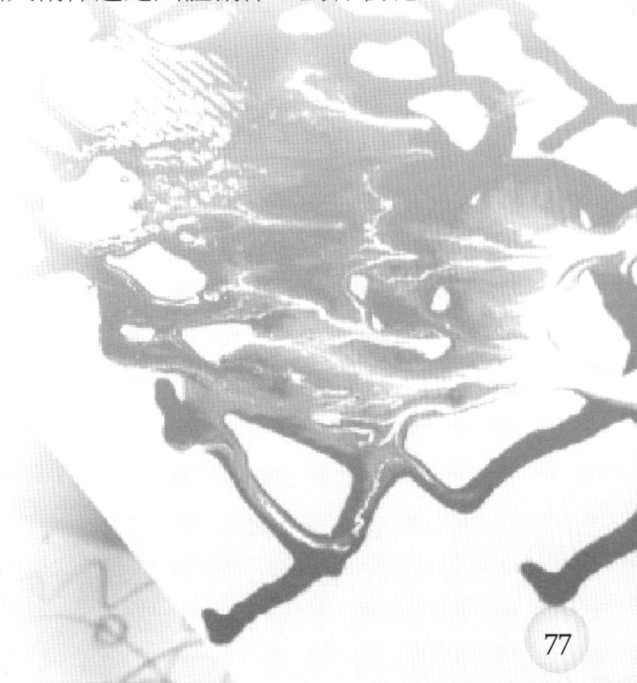

點線奇航

活動時間：90分鐘

教學目標：
- 長輩可以辨識出線條中的造型。
- 能夠延伸造型。

● 準備材料：8開圖畫紙、蠟筆、彩色膠帶、圓點貼。

● 準備音樂：輕鬆的音樂。

創作過程(一)

1. 在紙張上，隨意畫出三十個圓點。觀察長輩是否能畫出三十個圓點。
2. 每三個點連成一條線。

你可以這樣說

1. 現在我們要開始一個有趣的創作活動。現在每個人都有一張紙和一支蠟筆，大家可以選擇你喜歡的顏色。
2. 首先，我們要在紙張上隨意畫出三十個圓點。記住，是三十個圓點，請仔細數數看。
3. 請大家開始畫圓點吧。隨意地在紙上分布，不需要排列得很整齊。當你們畫好三十個圓點的時候，請舉手讓我知道。
   （長輩開始畫圓點）
4. 大家都畫得很好！現在我們要做第二個步驟。請大家把每三

個點連成一條線。你們可以隨意選擇哪三個點來連線。

5. 每三個點連成一條線，可以是直線，也可以是曲線，完全由你們決定。（長輩開始連線）

6. 大家都完成了，我們可以互相欣賞一下彼此的作品。（長輩互相欣賞作品，三分鐘時間快速瀏覽即可）

創作過程(二)

1. 在紙張上，隨意畫出三十個圓點。
2. 每五個點，畫出封閉的造型。

你可以這樣說

1. 同樣地，我們要在紙張上隨意畫出三十個圓點。一樣是三十個喔。

2. 隨意地在紙上分布，不需要排列得很整齊。（長輩開始畫圓點）

3. 大家都完成了嗎？現在我們要做第二個步驟。請大家把五個點連起來，畫出一個封閉的造型。你們可以選擇任何五個點來連線，不要重複。已經畫過圓點的不要畫。看看會形成什麼樣的圖案。

4. 大家開始連線吧。記住，每五個點連成一個封閉的造型，可以是任何形狀，只要是封閉的就可以。（長輩開始連線）

5.大家都完成了，我們可以互相欣賞一下彼此的作品，看看有什麼特別有趣的圖案。（長輩互相欣賞作品，三分鐘時間快速瀏覽即可）

創作過程(三)

1. 在紙張上，隨意畫出三十個圓點。
2. 用一條線連上所有的點。
3. 找出其中的封閉造型，並塗上顏色。

你可以這樣說

1. 現在，我們一樣畫出三十個圓點喔！（長輩開始畫圓點）
2. 接下來的步驟，要請大家用一條線把所有的點連起來。這條線不需要是直線，可以彎來彎去，只要能連上所有的點就可以。
3. 大家開始連線吧。記住，目標是把所有的點都連起來。（長輩開始連線）
4. 很棒！大家做得很好。現在，請大家仔細觀察你們的圖案，這裡面是不是有封閉的造型。看看你們能找到多少個。
5. 找到封閉造型後，請用你們喜歡的顏色把它們塗上色。（開始找封閉造型並塗色）
6. 如果有找不到造型的，可以找其他夥伴或是我（帶領者）幫忙看喔！（注意長輩是否都能找到封閉形狀）

7.太好了!大家都完成了。這樣的創作活動能夠訓練我們的觀察力和手眼協調能力。

8.大家都完成了,我們互相欣賞一下作品。

創作過程(四)

1.在紙張上,隨意畫出三十個圓點。

2.用一條線隨意連上點,可以重複連相同的點。

3.覺得完成就可以停下筆,不需要連上所有的點。

4.尋找當中的圖形,可以360度翻轉,直到找到合適的圖案。

5.使用蠟筆,將圖形畫上顏色。

6.再加上其他細節,讓圖形更具體。

你可以這樣說

1.接下來,我們一樣畫三十個圓點,現在大家都很熟悉了吧,一點都不困難。(長輩開始畫圓點)

2.大家畫得很好!現在我們要做第二個步驟。請大家用一條線隨意連上圓點。可以重複連相同的點,不需要按照固定的順序。

3.好,大家開始連線吧。可以自由創作,感覺完成就可以停下筆,不需要連上所有的點。(長輩開始連線,觀察是否有需要協助的長輩)

4. 大家做得很好。現在，請大家仔細觀察你們的圖案，是不是能夠找到一個圖像呢？有的人會找到茶壺、人的臉……看看你的圖畫可以找到什麼。

5. 可以360度翻轉紙張，可能這個方向找到兔子，橫著放看到一隻鯨魚。大家試看看是不是不同的方向可以找到不同的圖案？（長輩開始尋找圖形，觀察是否有需要協助的長輩）

6. 找到圖形後，請用蠟筆將它們畫上顏色。你們可以選擇自己喜歡的顏色，讓圖形更加生動。

7. 最後再加上其他細節，讓圖形更具體、更豐富。（帶領者可以示範圖形上色，以及如何增添細節，讓長輩瞭解如何完成作品）（長輩開始上色及添加細節）

8. 非常開心大家的參與，希望你們在這個活動中感受到創作的樂趣。（可以接續分享和討論）

觀察評估

1. 認知能力：觀察長輩是否能夠按照指示畫出指定數量的圓點，以及是否能夠按照要求進行連線。
2. 造型辨識能力：觀察長輩在連接所有點後，是否能夠找出其中的封閉造型，並能夠將其區分出來。
3. 想像力的發揮：是否能夠發揮想像力，並進一步延伸或完善這些造型，使之更加豐富有趣。

分享和討論

1. 創造力和想像力：你畫出了什麼造型？你喜歡這個造型嗎？為什麼？在畫圖時有想到什麼主題或故事嗎？
2. 色彩應用：為什麼選擇這些顏色？
3. 學習和成長：這個活動中最困難的部分是什麼？你是如何克服這些困難的？
4. 自我表達：你覺得你的作品和你個人生活有什麼關聯？
5. 回顧和改進：在這個活動中學到了什麼？如果你有機會再做一次這個活動，你會做哪些調整？

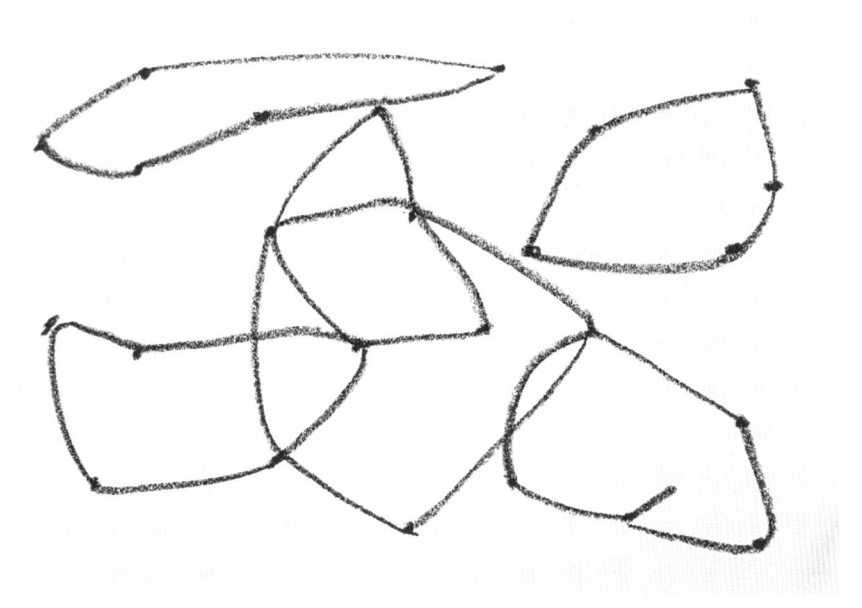

◎長輩們在紙張上隨意畫出三十個圓點，然後每五個點連接起來，創造出各種有趣的封閉造型，過程輕鬆又有趣。

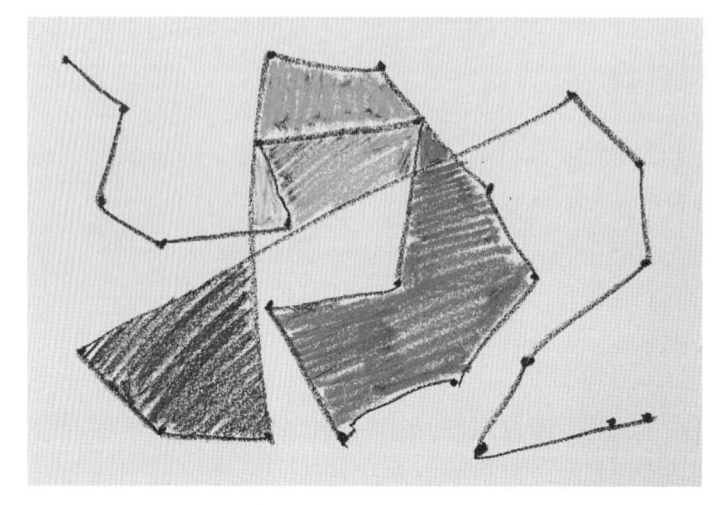

◎用一條線連接所有的點，找出其中的封閉造型並塗上顏色。長輩們樂在其中，享受著尋找和填色的樂趣，有時候需要一些協助，但過程依然溫馨愉快。

◎長輩們的精采作品，充分展現了他們的創造力與想像力，每一個作品都有獨特的故事。

PART 2

你追我畫

活動時間：90分鐘

教學目標：・增進身體協調能力。 ・對於音樂的感知能力。
　　　　　　・啟發創造力。

- 準備材料：紙張、蠟筆。
- 參考音樂：Boban Markovi Orkestar - Sat（Time）

暖身活動

請你跟我這樣做遊戲。

你可以這樣說

1. 大家好！現在我們要玩一個有趣的遊戲，叫做「請你跟我這樣做」。大家都有玩過嗎？
2. 這個遊戲非常簡單，也很有趣，就是我做什麼你就做什麼。
3. 我們會有兩個口號，當我說「請你跟我這樣做」，你們要說「我會跟你這樣做」。
4. 我們來練習一下……「請你跟我這樣做。」「我會跟你這樣做。」
5. 現在請大家站起來，讓我們有足夠的空間來動一動。
   - 「請你跟我這樣做。」（帶領者舉起右手，然後放下來）
     「我會跟你這樣做。」（長輩舉起右手，然後放下來）

高齡表達性藝術創作教學單元設計

> - 「請你跟我這樣做。」（帶領者舉起左手，然後放下來）
>   「我會跟你這樣做。」（長輩舉起左手，然後放下來）
> - 「請你跟我這樣做。」（帶領者右手畫一個圓圈）
>   「我會跟你這樣做。」（長輩舉起右手畫一個圓圈）
> - 「請你跟我這樣做。」（帶領者用背部來畫圓圈）
>   「我會跟你這樣做。」（長輩用背部來畫圓圈）
> - 「請你跟我這樣做。」（帶領者舉起左手，然後放下來）
>   「我會跟你這樣做。」（長輩舉起左手，然後放下來）
>
> 6. 希望大家玩得開心，也讓我們的身體活動起來。

創作過程(一)

1. 4開紙上，用紙膠帶固定在桌面上。
2. 二人一組，一人一支蠟筆。
3. 決定由誰先開始畫，另一個人追隨前面的創作。
4. 帶頭者需要聽音樂，根據音樂詮釋加以變化動作。
5. 交換角色再進行一次。

> ### 你可以這樣說
>
> 1. 現在我們要進行一個好玩的合作繪畫活動。請大家按照以下步驟來進行。
> 2. 首先，將4開紙用紙膠帶固定在桌面上，讓紙張不會移動。
> 3. 接下來，兩人一組，相對面坐著。請每個人拿一支蠟筆。

4.現在,請你們決定由誰先開始畫。

5.開始會由帶頭的人先開始,另一個人則要跟隨帶領者的圖畫軌跡。

6.帶頭的人,請根據音樂的節奏和情緒來移動你的蠟筆,可以隨意地變化。

7.跟隨的人要仔細跟隨帶頭人的線條軌跡。

8.我們現在開始吧!(播放音樂,觀察長輩在操作上是否需要協助,視情況播放音樂長度)

9.大家覺得好玩嗎?現在我們交換角色,再進行一次。這樣每個人都有機會帶頭創作和追隨創作。

10.大家準備好了嗎?我們開始吧!(播放音樂,觀察長輩在操作上是否需要協助)

創作過程(二)

1.全開紙張黏貼在桌面上。(依人數決定紙張數量)

2.二人一組,一人一支蠟筆。

3.決定由誰先開始畫,另一個人追隨前面的創作。

4.帶頭者需要聽音樂,根據音樂詮釋加以變化動作。

5.交換角色再進行一次。

你可以這樣說

1. 現在我們要站起來，一起來創作。
2. 跟剛才一樣，我們兩人一組。一個人做帶頭者，另一個人做跟隨者。
3. 但是我們現在不是坐著，是要站起來，沿著桌子移動。
4. 要請大家注意安全喔！可以走快一點，但是不要用跑的。
5. 一組進行完，再由另一組進行。（請活動帶領者視環境及長輩身體狀況調整，是由桌子的左邊到右邊，或是繞著桌子一圈）
6. 我們開始吧！
7. 活動進行一次後，我們交換角色再進行一次。

創作過程(三)

1. 全開紙張黏貼在牆面上。（依人數決定紙張數量）
2. 二人一組，一人一支蠟筆。
3. 決定由誰先開始畫，另一個人追隨前面的創作。
4. 帶頭者需要聽音樂，根據音樂詮釋加以變化動作。
5. 交換角色再進行一次。

你可以這樣說

1. 現在我們的活動要改到牆面上。
2. 請將全開紙張黏貼在牆面上。確保紙張固定好,不會移動。
3. 接下來,請大家兩人一組站好,每人拿一支蠟筆。
4. 請你們決定由誰先開始畫,另一個人要跟隨前面的創作。
5. 帶頭者,請你聽音樂,根據音樂的節奏和情緒來詮釋,並加以變化動作進行描繪。像是可以把手舉起來,或是蹲下,轉一圈……
6. 請大家用走的,不要用跑的。
7. 我們開始吧。
8. 活動進行一次後,我們交換角色再進行一次。

觀察評估

1. 創造力和想像力:帶領者是否能夠在動作上或是圖像上有創意的變化。
2. 運動協調能力:長輩在聽音樂時是否能夠配合加以變化動作,以及他們在使用蠟筆時的手眼協調能力。
3. 音樂詮釋能力:觀察帶頭者是否能夠根據聽到的音樂,加以變化動作。這涉及到對音樂的感知和理解能力。
4. 持續注意力:跟隨者是否能跟隨帶領者的動作與圖像。

分享和討論

1. 合作和溝通體驗分享：分享在活動中與搭檔合作的感想，包括喜歡做帶領者還是跟隨者、困難點在哪裏。
2. 音樂詮釋和感受：長輩可以分享他們對所聽音樂的感受，以及他們如何根據音樂的節奏和情感進行創作。
3. 創造力和想像力：分享在創作過程中的想法和靈感，以及長輩們如何將這些想法轉化爲具體的創作。
4. 運動協調：分享在活動中運動協調的感受，像是長輩們如何設計動作，要跟隨帶領者的動作是否感到困難。

◎活動既需要參與者的注意力和創造力，又充滿趣味，讓大家都非常開心。

◎長輩們有創意的變化動作，讓跟隨者驚喜連連，有趣又有挑戰。

步步留痕──
創意藝術行走

活動時間：90分鐘

教學目標：
- 提升身體的協調性與穩定度。
- 對於新事物的開放心態。
- 啟發創造力。

● 準備材料：8開紙板（牛奶板、瓦楞紙）、蠟筆，事先將紙板穿繩，可穿戴在胸前位置。

● 準備音樂：Lullatone - Summer Songs

暖身活動

正念行走──慢步行走、快步行走。

你可以這樣說

1. 今天我們要進行一個正念行走的活動。這個活動分為兩個部分，慢步行走跟快步行走。
2. 首先，請大家圍成一個圓圈。
3. 站定位置後，雙腳與肩同寬，放鬆身體。閉上眼睛，深呼吸，吸，感受空氣進入你的肺部；吐，吐出所有的空氣，再吐。再吸氣，感受你的身體逐漸放鬆。再吐氣，釋放所有的緊張和壓力。（重複幾次，感覺大家都投入在其中）

4. 現在,請大家慢慢地睜開眼睛,身體轉成順時鐘方向。我們從慢步行走開始。請大家慢慢地抬起一隻腳,感受腳底離開地面,然後輕輕地放下,感受腳底接觸地面的感覺。每一步都要專注在腳與地面的接觸上,感受每一步的重量和壓力。
5. 雙手自由、輕鬆地擺動。
6. 慢慢行走,不要著急,讓我們用這樣的方式行走幾分鐘。
   (可以進行十分鐘以上,讓大家都可以進入到靜心的狀態)
7. 現在我們停下來。大家都還好嗎?
8. 我們來進行快步行走。一樣依照順時針方向
9. 請大家逐漸加快步伐,保持專注在每一步上,感受腳與地面的接觸,感受每一步的節奏和力量。注意呼吸的變化,保持自然的呼吸節奏,感受呼吸和步伐之間的協調。
10. 雙手的擺動也會加大加快。
11. 如果你覺得前面的人走太慢了,可以超越他,用你自己的速度前進。讓我們用這樣的方式快步行走幾分鐘。

(可以進行十分鐘以上,讓大家的精神與氣氛都活絡起來)

12. 現在請大家逐漸減慢步伐,直至完全停下來。找到一個舒適的位置站立,閉上眼睛,深呼吸幾次,感受身體的變化,感受心跳和呼吸的節奏。再深吸氣,感受空氣進入你的肺部,呼氣,釋放所有的緊張和壓力。
13. 好的,現在請大家找一個舒適的位置坐下,繼續閉上眼睛,深呼吸幾次,感受身體的變化,感受心跳和呼吸的節奏。再深吸氣,感受空氣進入你的肺部,呼氣,釋放所有的緊張和壓力。感受你的身體,感受當下的自己。
14. 現在,請大家緩慢地睜開眼睛。我們的正念行走活動到此結束。感謝大家的參與。

創作過程

1. 每個人穿上紙板，漫步行走。
2. 一人拿一隻蠟筆。
3. 經過身邊的人都畫在對方的板子上。
4. 不可停留作畫。
5. 也不停留讓別人畫圖。
6. 只需有痕跡就好。

你可以這樣說

1. 剛才我們都有進行正念行走，現在我們一樣要走動，但是我們要邊走邊畫。
2. 沒有聽過對不對？怎麼邊走邊畫呢？
3. 我已經幫大家準備好一個可以穿的紙板。請每個人穿上一塊紙板，將紙板固定在前胸，確保紙板不會輕易掉下來。這樣我們可以在行走時保持手部的自由。
4. 每個人選一個你喜歡的蠟筆顏色。當你開始行走時，請保持慢步行走的節奏。我們先適應一下，感受穿著紙板行走的感覺。
5. 大家還習慣戴著紙板行走嗎？
6. 現在呢，我們要開始創作囉！當你經過其他人身邊時，用手中的蠟筆在對方的紙板上畫一筆。記住，不要停下來作畫，只需快速地在對方的紙板上留下痕跡。畫的內容和形狀不重要，重點是留下你的痕跡。

7. 同樣，當別人經過你身邊時，他們也會在你的紙板上畫一筆。請不要停留讓別人畫圖，繼續保持行走的節奏。
8. 這個活動會隨著音樂的變化進行。當音樂變慢時，大家的動作也要變慢，慢步行走，感受音樂的節奏和你的身體動作。當音樂變快時，大家就快步行走，保持快步的節奏，同樣在行走中互相畫圖。
9. 創作時，感受你畫別人與被別人畫的心情，觀察一下，在活動中，有什麼心情變化。

變化方式

1. 音樂變化，可以放慢音樂，讓大家動作變慢。
2. 音樂變快，讓大家可以快步行走。

觀察評估

1. 身體靈活性和穩定性：這些活動需要一定程度的身體靈活性和穩定性才能參與。觀察長輩參與這些活動的過程中，可以評估他們的步行姿勢和身體平衡能力。
2. 對活動的積極參與度：觀察長輩參與活動的態度和積極性。是否願意嘗試新的事物？是否享受與其他人互動的機會？
3. 對於身體感知的能力：觀察長輩是否能夠準確地感知到自己的動作和周圍環境的變化。
4. 社交互動和合作能力：觀察長輩與其他參與者的互動方式。

分享和討論

1. 社交互動：喜歡畫別人或是被別人畫？兩者有什麼差異？平常會主動與人建立關係還是等待別人？
2. 新事物的態度：分享對於新事物和學習的態度和看法，以及如何保持好奇心和求知慾。
3. 活動感想：活動中的任何想法。

◎每個人穿上紙板，準備開始創作。

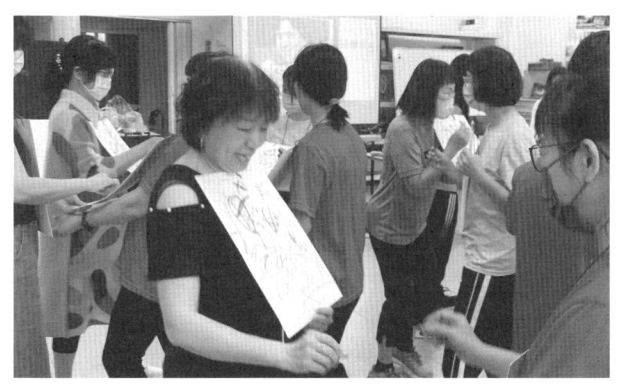

◎有時學員會捨不得離開，停留在一個人的畫板前，認真地畫很久。需要帶領者提醒，只需輕輕留下痕跡就可以囉。

兩手一起畫

活動時間：90分鐘

教學目標：
- 雙手的同步性和協調性。
- 提升手眼協調能力。

- 準備材料：紙張、蠟筆。
- 參考音樂：Jóhann Jóhannsson – Flight From The City

暖身活動

1. 手指伸展運動：請長輩坐在椅子上，將雙手舉高，手指打開，然後慢慢合起來握拳。重複十次。

2. 手腕轉動：請長輩將雙手伸直，手腕順時針轉動十次，然後逆時針轉動十次。放鬆手腕肌肉，增強關節活動度。

3. 手臂伸展：請長輩將雙手伸直向前，然後慢慢向上舉過頭，再慢慢放下。拉伸手臂肌肉，增加手臂的靈活性。重複五次。

4. 手掌拍打：請長輩將雙手手掌拍打在一起，節奏可以由慢到快。刺激手掌神經末梢，活化手部肌肉。重複十次。

你可以這樣說

1. 現在我們要進行一系列的手部運動，這些運動有助於放鬆手部肌肉，增強關節活動度，並提升手部的靈活性。請大家跟我一起來，坐在椅子上進行這些簡單的動作。
2. 第一個，手指伸展運動。
3. 請大家坐在椅子上，放鬆身體。
4. 將雙手往前平舉，跟肩膀一樣高。
5. 手指打開，然後慢慢合起來握拳。
6. 重複這個動作十次。
7. 第二個，手腕轉動。
8. 雙手一樣往前平舉，手腕順時針轉動十次。
9. 現在手腕逆時針轉動十次。
10. 這個動作可以放鬆手腕肌肉，增強關節的活動度。
11. 接下來，手臂伸展。
12. 請大家將雙手自然垂下。
13. 慢慢向上舉過頭。
14. 再慢慢放下。
15. 重複這個動作五次，這樣可以拉伸手臂肌肉，增加手臂的靈活性。
16. 最後一個動作，手掌拍打。
17. 請大家雙手拍掌。
18. 重複這個動作十次，雙手拍掌可以刺激手掌神經末梢。

創作過程

1. 對稱圖案繪畫：
   (1)活動方式：給每位長輩一張紙和兩支不同顏色的筆，請他們同時用兩手畫對稱的圖案。可以搭配輕鬆音樂。
   (2)目的：促進雙手協調，刺激大腦左右半球的同步運作。
2. 鏡像繪畫：
   (1)活動方式：請長輩選擇一個簡單的圖案（如心形或星形），用一隻手畫一半，另一隻手同時畫另一半，兩邊要對稱。
   (2)目的：訓練雙手的協調性和同步性，增強空間感知能力。
3. 自由創作：
   (1)活動方式：請長輩隨意選擇自己喜歡的顏色，用兩手同時在紙上自由揮灑，創作抽象畫。
   (2)目的：激發創意和想像力，減少壓力和焦慮。
4. 左右手接力繪畫：
   (1)活動方式：長輩先用右手畫一部分圖案，再用左手接著畫，依此交替進行。
   (2)目的：促進左右手的合作，增強手眼協調能力。
5. 以上活動可以擇一進行，伴隨音樂，讓活動深入內心，產生心流。也可以每一個活動都進行。

你可以這樣說

1.對稱圖案繪畫：

　(1)現在我們要進行對稱圖案的繪畫活動。這個活動不僅能夠讓我們放鬆心情，還能夠促進我們的雙手協調和大腦左右半球的同步運作。

　(2)每個人桌上都有一張紙，請大家兩手各拿一支不同顏色的筆。

　(3)請大家同時用兩手畫對稱的圖案，也就是左邊跟右邊是一樣的圖案。

　(4)剛開始可能會不習慣，慢慢來，大家會越來越熟練的。

2.鏡像繪畫：

　(1)現在我們來做鏡像繪畫。什麼是鏡像繪畫？就是使用雙手同時畫一個圖案或形狀。

　(2)大家可以先想好一個圖案，像是愛心形或星星的形狀。

　(3)一隻手畫圖案的一半，另一隻手同時畫另一半。兩邊的圖案要對稱，就像在照鏡子一樣。

3.自由創作：

　(1)請大家隨意選擇自己喜歡的顏色。

　(2)當準備好的時候就可以開始，從同一個點出發，但是兩隻手可以各自發展。

　(3)兩手在紙上自由揮灑，不必拘泥要有一個什麼形狀，只是線條也都是可以的。

4.左右手接力繪畫：

(1)同樣準備兩個喜歡的顏色。

(2)先用右手畫，可以畫線條也可以是形狀。

(3)當我說換的時候，請用左手接著畫，記得也要換顏色喔！

(4)是從右手結束的點，左手接著畫喔！

(5)我再說換的時候，再換到右手畫，這樣交替進行。

觀察評估

1. 動作靈活度：觀察長輩在進行暖身運動和創作活動時，動作是否流暢，有沒有明顯的僵硬或不適。
2. 雙手協調性：注意長輩在進行對稱圖案繪畫或鏡像繪畫時，雙手是否能同步運動，是否出現明顯的不同步現象。
3. 手眼協調能力：在左右手接力繪畫和自由創作活動中，注意長輩的手眼協調情況，目光是否能隨著手的動作移動。
4. 創意與表達能力：在自由創作活動中，觀察長輩的創作過程和完成作品，是否能夠自信地表達自己的想法和情感。
5. 情緒與心理狀態：注意長輩在活動中的表情和情緒變化，是否表現出興趣、快樂或滿足的情緒。

分享和討論

1. 對稱圖案繪畫：請長輩分享他們在創作過程中的體驗和感受，包括遇到的困難、喜歡的部分以及完成作品後的感受。
2. 鏡像繪畫：「在畫鏡像圖案時，有沒有覺得哪一隻手比較難

PART *2*

高齡表達性藝術創作教學單元設計

控制？」、「這個活動有沒有幫助你更好地協調雙手？」

3. 自由創作：「在自由創作中，你感覺到放鬆還是壓力？」、「這個過程是否幫助你減少焦慮或壓力？」

4. 左右手接力繪畫：「這個活動還可以有哪些變化或改進？」、「之後，還會想用這樣的方式創作嗎？」

◎兩手自由地圖畫，長輩在創作後，感到放鬆與自在。

◎左右手對稱畫，可以觀察到長輩的左右手協調能力。有時，長輩對於兩手同時畫出一樣的形狀感到困難，經過鼓勵，倘若長輩願意嘗試，創作的質量都能夠越來越好的。

101

觸覺之旅——用心感知，用手創造

活動時間：90分鐘

教學目標：
- 提升身體的靈活性和活動能力。
- 感知和傳達畫線的觸感和壓力。
- 能夠隨著音樂的節奏和速度進行動作。

● 準備材料：紙張、蠟筆。

● 參考音樂：Medeski Martin & Wood - Shine It and Miami Gato

暖身活動

1. 能量律動操的幾個動作——如來神掌、甩手8字操。
2. 人體內的能量流是以無數個交叉、螺旋的韻律8模式交織而成的異側傳輸模式。

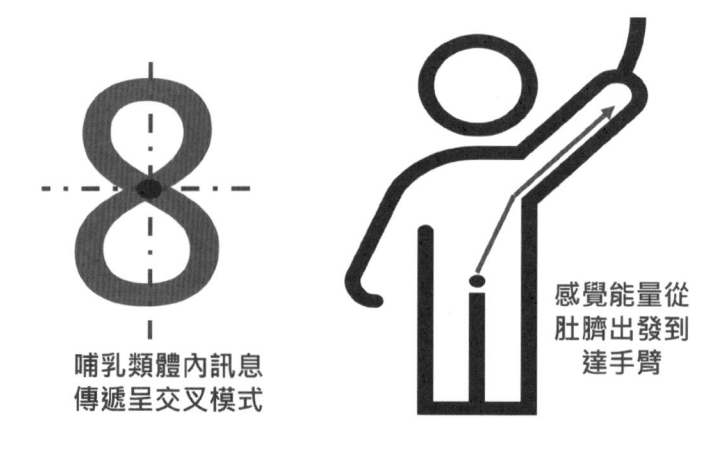

哺乳類體內訊息傳遞呈交叉模式

感覺能量從肚臍出發到達手臂

3. 所以在甩手的過程中，把意念放在肚臍的位置，感覺每一次的甩動的能量都是從肚臍出發，直到手部的末端。另一側也一樣喔！

你可以這樣說

1. 大家好，現在我們要進行能量律動操。第一個是如來神掌。
2. 請大家站直，雙腳與肩同寬，雙手自然放在身體兩邊。
3. 接下來雙手慢慢抬起，掌心朝上，像是捧著一個大球。
4. 將雙手向前推，掌心向前，像是推開一扇門，感受力量從掌心推出去。
5. 再將雙手收回到胸前，掌心朝內，感受能量回到身體裏。
6. 重複動作：重複這個推掌和收回的動作，感受能量的流動。
7. 讓我們進行這個動作幾次，保持動作緩慢而有力。
8. 接下來我們要做的是甩手8字操。
9. 請大家一樣站直，雙腳與肩同寬，膝蓋微曲，雙手自然垂放在身體兩側。
10. 雙手輕鬆地往左上方甩出，然後往右上甩，感覺手臂像是一根輕盈的繩子。
11. 在甩手的過程中，手臂畫出一個8字的軌跡。先從左側往前畫圓，再從右側往後畫圓。
12. 讓身體隨著手臂的動作一起律動，保持動作流暢和自然。
13. 持續畫8字，感受能量從肚臍到手臂、帶動全身。
14. 重複進行這個動作幾次，感受全身的律動。

創作過程(一)

1. 轉動手腳，練習不同角度的畫線。像是左上往右下、水平的線、螺旋的線。注意線的描繪有輕或重的表現方式。
2. 五人一組，由最後一人畫線條在前一位的背上，如此循環，直到最前面，由最前面的人畫在紙張上。
3. 創作過程不在畫出正確答案，著重在觸感的接收、傳達。

你可以這樣說

1. 現在我們要進行一個觸感創作。讓我們來感受觸感繪畫。
2. 這個創作需要有一點感受力，也需要一點想像力，也需要你的勇氣。
3. 我們先來憑空嘗試一下。
4. 請大家站好，轉動你的手腕和手臂。
5. 畫從左上往右下的斜線。
6. 畫水平的線。
7. 畫螺旋線。
8. 在畫線的時候，注意線的描繪可以有輕或重的表現方式。試著用不同的力度來畫線，感受每一種方式的不同。
9. 接下來，請大家分成五人一組，站成一列。
10. 創作由隊伍中最後一人開始，用手指在前一位的背上畫線條。一次畫一種線條。
11. 前一位感受到線條後，再把這個線條畫在自己前一位的背上。

12. 這樣子傳遞，直到最前面的人。
13. 最前面的人在感受到背上的線條後，將它畫在紙張上。
14. 最後面的人，只要前一位夥伴將圖案畫好後，就可以再繼續描繪，不用等第一位畫在紙張上。
15. 這個活動的重點不是要畫出正確答案，而是著重在觸感的接收和傳達。
16. 享受創作過程，注意體驗每一個畫線和感受線條的過程。

創作過程(二)

1. 剛開始不放音樂，讓感知專注在觸覺上。
2. 二十分鐘後，開始放音樂，這時創作會因為音樂的加入，而有變化。

你可以這樣說

1. 剛才我們都很專心地在感受線條，描繪線條。
2. 現在我們要把音樂加入，當我們在畫的時候，要一邊聽音樂一邊畫。
3. 記得我們不是要畫出正確答案，而是感覺的傳遞。
4. 我們開始來試看看吧！

活動變化

1. 加快音樂的速度,以及作畫的速度。
2. 伴隨音樂,不需等最前面的人畫在紙張上,最後一位持續地畫線在前一位的背上,如此循環,直到最前面。
3. 這一次手指不畫在背上,而是騰空作畫,感受彼此的氣息流動。

觀察評估

1. 身體協調和靈活性:觀察長輩在進行活動時的身體協調和靈活性,能否自如地轉動手腳,並且在畫線時保持穩定的姿勢。
2. 觸感接收和傳達:長輩在創作中對於觸感的接收和傳達,能否感知到畫線的動作和壓力,並將這些感覺傳達到下一位參與者身上。
3. 對音樂的反應和變化:長輩在活動中對音樂的反應和變化,能否隨著音樂的節奏和速度進行動作,以及對於音樂的加入是否能夠帶來創作的變化和豐富性。

分享和討論

1. 身體感受和運動練習: 分享彼此在進行能量律動操和練習畫線時的身體感受和體驗。討論他們對於這些動作的感受,以及是否感受到身體的放鬆和活力。
2. 觸感和傳達的體驗:討論如何感知到畫線的動作和壓力,以

及如何將這些感覺傳達給其他參與者。

3. 對音樂的感受和反應：討論對於不同音樂節奏和速度的反應，以及音樂是否影響創作過程。

4. 社交和心理的體驗：是否能接受他人接觸到自己的身體（背部）？心理上有那些感受？

◎手沒有放在夥伴的背上，憑藉音樂、之前的觸覺感受，以及夥伴手部揮動時的空氣流動，產生創作的靈感。

鏡子之舞

活動時間：90分鐘

教學目標：
- 提升專注力和細節觀察能力。
- 增強動作模仿、記憶和反應速度。
- 情感交流和合作能力。

● 準備材料：全開紙張、蠟筆或彩色筆。
● 建議音樂：Take Five - The Dave Brubeck Quartet（1959）

暖身活動

1. 將參與者分成兩人一組，面對面站立或坐著。
2. 進行簡單的鏡像運動練習，一人做動作，另一人模仿其動作。
3. 角色交換，再進行一次。

你可以這樣說

1. 現在請兩個一組，大家找到自己的搭檔，面對面站好（或坐下）。
2. 接下來，我們要進行一個照鏡子活動。大家都有照過鏡子吧，當我們對著鏡子大笑，鏡子裏的人也會對我們大笑，如果對著鏡子舉手，鏡子裏的人也會舉手。
3. 現在我們要決定，一個人要扮演鏡子裏的人，另一個人則是

真實世界的人。

4. 當真實世界裏的人做動作，鏡子裏的人也要跟著做動作。（帶領者可以邀請一位長輩做示範）

5. 扮演真實世界的人可以做一些像是抬起手臂、轉動手腕，或者是擺動身體這樣的動作。鏡子裏的人要注意，當對方抬右手時，你要抬左手，以相反地方向進行。

6. 好，現在大家可以試看看。注意喔，要放慢動作，讓鏡子裏的人可以跟上你的節奏。（讓大家進行五分鐘後）

7. 現在我們來交換一下角色，讓鏡子中的人扮演帶領的角色，來帶領動作。

8. 這一次可以嘗試不同的動作，像是慢動作、快速動作，或者加入一些更大動作的變化。

9. 好，我們開始吧！要仔細觀察對方喔。（讓大家進行五分鐘後）

10. 現在請大家回到座位上，休息一下。

創作過程（兩人組合）

1. 給每對參與者一張紙和蠟筆或彩色筆。（紙張貼在牆面上）

2. 請一位先做動作，另一人用相同的動作在紙上繪畫。（相同動作，但是由蠟筆在紙張上，留下動作的痕跡）

3. 兩隻手都要拿筆。

4. 交換角色。

5. 按照團體的熱度與長輩對創作的熟悉度，重複活動幾次。讓

長輩可以更熟悉創作方式、對身體運動的掌握。

你可以這樣說

1. 現在，我們一樣兩個人一組，每組都會有蠟筆（或彩色筆）和紙張。（紙張用膠帶貼在牆面上或是桌子上，確保紙張不會移動）
2. 我們現在一樣要進行照鏡子活動，但是呢，我們不只做動作，還要把它畫下來。
3. 我們先決定哪一個人要扮演鏡子裏的人，另一個人是真實世界的人。
4. 當真實世界的人做動作時，扮演鏡子裏的人要把動作移動的痕跡畫下來。（帶領者可以邀請一位長輩進行示範）
5. 如果動作是畫一個圓圈，那麼鏡子裏的人也要用蠟筆在紙上畫出一個圓圈。
6. 還有一點不同的是，兩隻手都要拿筆。做動作的人也要雙手一起做動作、一起伸展。
7. 準備好了嗎？我們開始吧！（可以播放音樂）（觀察大家的進行情況，讓大家進行五至十分鐘）
8. 現在請大家交換角色，讓之前做動作的人來畫畫，畫畫的人來做動作。（觀察大家的進行情況，讓大家進行五至十分鐘）

活動變化

1. 音樂配合：
   (1) 在背景播放不同節奏和風格的音樂。
   (2) 請一位隨著音樂節奏變換動作，另一位則是隨著帶領者的動作，使用筆在紙上留下痕跡。
2. 故事創作：
   (1) 給每對參與者一張紙和蠟筆或彩色筆，將紙張貼在牆面上。
   (2) 請一位參與者開始做動作，另一人用相同的動作在紙上繪畫。
   (3) 交換角色，繼續繪畫並發展故事情節。
   (4) 最後構成一個故事。（可以指定一個主題或情境，讓參與者圍繞該主題創作故事）

觀察評估

1. 動作流暢度：動作是否順暢？有無僵硬或困難？跟隨動作的長輩，是否能夠跟上動作呢？
2. 創意表現：觀察帶領者能否自由地做出動作，還是固定動作的變化。
3. 情緒反應：活動過程中的情緒變化。
4. 社交互動：評估合作和溝通能力，雙方是否能愉快地合作。
5. 音樂反應：評估長輩對不同音樂節奏的反應速度和動作變化。

分享和討論

1. 活動中的挑戰：活動進行中，是否覺得困難呢？是哪一方面呢？
2. 社交互動與合作能力：在與夥伴合作時，溝通和合作是否順利？有沒有發生什麼有趣的事情？

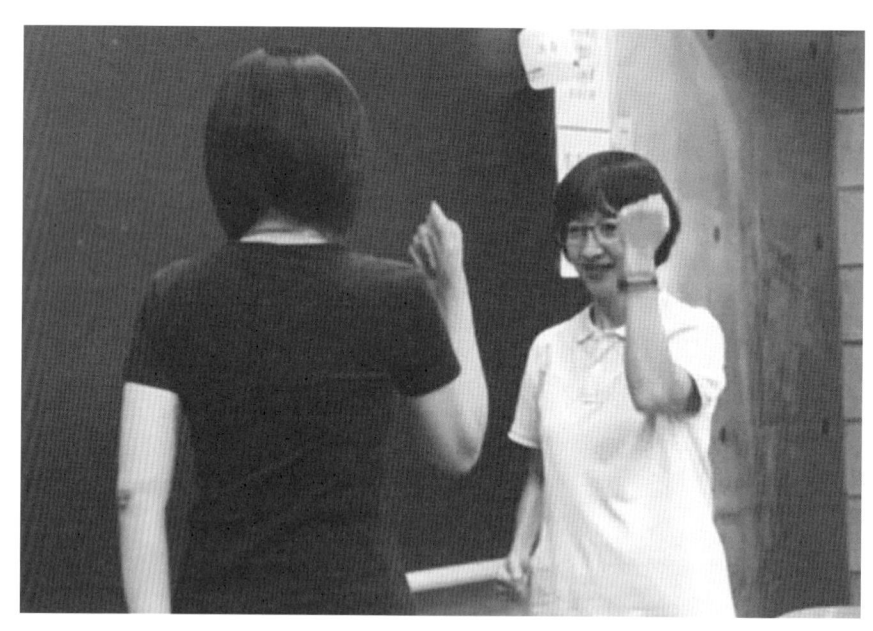

◎暖身活動「鏡像運動練習」，一人做動作，另一人模仿動作。

人體雕塑

活動時間：90分鐘

教學目標：
- 溝通和合作能力。
- 激發創意和想像力。

● 準備材料：陶土、陶土工具
● 準備音樂：自行選擇合適音樂

暖身活動

1. 請長輩想像自己是一塊陶土，從頭部被人捏了一下。請長輩作出相應的動作。
2. 依序下來是肩膀、手臂、腰部、臀部、大腿。

你可以這樣說

1. 現在，請大家閉上眼睛，放鬆身體，想像自己是一塊柔軟的陶土。
2. 請想像有人輕輕地捏了一下你的頭部。請用動作來表現出你被捏的感覺，讓你的頭部隨著這個想像去變化。
3. 把注意力放到肩膀。想像有人捏了你的肩膀，讓你的肩膀隨著這個動作去變形，表現出被捏的感覺。

4. 接下來是手臂。有一雙手捏住了你的手臂，感受那股力量，手臂被捏會是怎麼樣呢？
5. 把注意力集中在腰部。想像有人捏了一下你的腰部，腰會有什麼感受，身體會有什麼變化呢？
6. 接下來是臀部。有一雙手捏你的臀部，身體又會做出什麼樣的動作呢？
7. 最後，注意力來到大腿。想像有人捏了你的大腿，請維持這個被捏大腿的動作。
8. 大家都是一塊柔軟的陶土。現在請慢慢睜開眼睛，讓你的身體回到放鬆的狀態。

創作過程(一)

1. 兩人一組，一人扮演陶土，另一人扮演雕塑藝術家。
2. 三分鐘時間內，雕塑藝術家輕輕挪動扮演陶土角色的長輩，手部、腿部、身體……雕塑出理想的造型。
3. 請扮演藝術家的長輩，說明自己的作品。
4. 交換角色，進行活動。（時間長短可視實際情況調整）

你可以這樣說

1. 我們今天要來扮演陶土跟藝術家。請兩人一組，找到人後，討論一下，一個人扮演陶土，另一人扮演雕塑藝術家。
2. 扮演藝術家的人，有三分鐘的時間，用雙手輕輕地挪動你

面前這塊陶土，也就是你的夥伴。可以移動他的手、腿，或者身體，來雕塑出你理想中的造型。請大家記住，動作要輕柔。

3. 很好，大家都在創作中。還有三十秒的時間，雕塑你們的作品。

4. 時間到！現在，請扮演藝術家的長輩來介紹一下你們的作品。你的主題是什麼？為什麼這樣雕塑？（各組藝術家簡短介紹他們的作品）

5. 謝謝大家的分享！現在我們來交換角色。這次由剛剛扮演陶土的長輩來當雕塑藝術家，開始進行雕塑。記住，同樣有三分鐘的時間，動作要輕柔。

6. 準備好，請開始！

7. 時間到！請現在的藝術家來介紹一下他們的新作品。（各組藝術家簡短介紹他們的作品）

創作過程(二)

1. 將所有人分成兩組，使用身體雕塑主題創作「飛機」，十分鐘完成，看哪一組可以準時完成。（主題可變更）

2. 五分鐘完成主題創作「生日蛋糕」。（主題可變更）

你可以這樣說

1. 剛才我們進行了個人的雕塑活動，現在我們要做團體雕塑。
2. 怎麼做團體雕塑呢？等一下，請大家分成兩組。
3. 每一組的成員要一起雕塑「飛機」。可以用站立、坐下或者其他姿勢來表現，有的人組合成機翼，有的人組合成機身。
4. 只有十分鐘的時間來完成這個創作。
5. 現在我們來分組，都找到組別了嗎？
6. 開始計時！大家可以開始討論和創作了。（十分鐘後）
7. 時間到！讓我們看看每一組的創作成果。第一組，你們可以展示一下你們的「飛機」嗎？（稍停片刻，拍照記錄）
8. 很好！現在是第二組，請展示你們的「飛機」。（稍停片刻，拍照記錄）
9. 兩組的創作都非常出色！現在我們要進行下一個挑戰。這次的主題是「煙火」。
10. 怎麼用身體表現煙火呢？手可以打直或是彎曲，腳可以怎麼放呢？（帶領者需要先思考肢體表現的方式，給予長輩示範）
11. 可以是一組的人集合成一個大煙火，也可以是幾個人做一個小煙火，變成小煙火的組合。
12. 你們只有五分鐘的時間來完成這個創作，準備好了嗎？
13. 請開始！（五分鐘後）
14. 時間到！來看看你們的「煙火」。
15. 第一組，你們能展示一下嗎？（稍停片刻，拍照記錄）
16. 很好！接下來是第二組，我們來看看第二組的「煙火」。
17. 感謝大家的努力和合作，大家都很有創意也很有活力。

創作過程(三)

1. 將所有人分成兩組,其中一組自行討論主題,並完成人體雕塑作品。請另一組猜猜是什麼主題。
2. 完成後,換另一組進行。

你可以這樣說

1. 現在一樣分成兩組,這次呢,不是我給大家主題。
2. 要請每一組自己設定主題,但是不能公布喔!
3. 請小組成員把這個主題雕塑出來,另一組的人來猜猜是什麼主題。
4. 這樣瞭解嗎?
5. 給大家十分鐘的時間,討論跟創作內容。(帶領者巡視兩組,給予建議與協助)
6. 時間到,我們請哪一組先開始呢?
7. 請展示作品,請猜猜主題是什麼呢?(問另一組成員)
8. 可以猜三次喔!(猜對了,恭喜他們。猜錯了,請公布答案)
9. 現在我們換另外一組,來展示他們的雕塑。
10. 你們猜這是什麼雕塑呢?(猜對了,恭喜他們。猜錯了,請公布答案)
11. 大家想要再試一次嗎?

創作過程(四)

請長輩們依據上述活動所啓發的創意與靈感，自由地捏塑陶土。

你可以這樣說

1. 前面都在人體雕塑，現在我們真的要來雕塑陶土了。（每個人都有一個陶土在面前）
2. 我們手拍陶土，感受陶土的溫度，還有拍打時，是不是留下痕跡呢？
3. 當我們用力時，陶土就會凹下，用我們手的力量，可以改變陶土的形狀。（帶領者做簡單的示範）
4. 回想今天課程中，我們所做的人體雕塑，把身體變成陶土一樣。
5. 現在我們自己要來雕塑陶土，雕塑出你個人的形狀。
6. 可以是具象的一個碗、一個茶壺，也可以是抽象的，自由地捏塑出線條、凹下去的痕跡。
7. 做的時候，讓自己感到放鬆。
8. 我們開始吧！（需要二十分鐘以上，可視團體狀況調整時間以及陶土的大小）

創作過程(五)

最後以深呼吸,以及身體放鬆,結束活動。

你可以這樣說

1. 今天的活動要結束了。現在讓我們一起做一些深呼吸來放鬆身體。
2. 請大家站直(或者坐好),閉上眼睛,雙手輕輕地放在膝蓋上,或者自然垂放在身體兩邊。
3. 現在我們一起深吸一口氣,從鼻子慢慢吸氣,感覺空氣進入你的肺部,肚子也跟著鼓起來。
4. 慢慢地從嘴巴吐氣,感覺身體的壓力隨著呼氣一點點地釋放出來。
5. 再來一次,深吸,感受空氣進入你的身體,然後慢慢吐氣,讓身體完全放鬆,再吐多一些。
6. 深深吸氣,感覺身體變得更輕鬆、更平靜,慢慢地吐氣,把所有的壓力都呼出來。
7. 我們自己控制速度,進行呼吸與放鬆。(一分鐘的時間,讓大家可以自己進行呼吸放鬆活動,時間可自行調整)
8. 現在大家可以慢慢睜開眼睛,感覺一下平靜與力量。
9. 我們今天的活動就結束了。感謝大家的參與,祝大家有個美好的一天!

觀察評估

1. 動作靈活度：長輩在被雕塑和挪動過程中,身體動作是否輕鬆有靈活性?
2. 創意與想像力：觀察長輩在主題創作活動中的創意表現,是否能根據主題發揮創意。
3. 團隊合作與協作能力：長輩在團隊活動中的互動情況,是否能與其他組員合作完成。

分享和討論

1. 動作協調與柔軟度：在被雕塑和挪動的過程中,覺得自己的身體靈活性如何?過程中有沒有感覺到困難或不適?
2. 創意與想像力：在創作雕塑作品時,靈感來自哪裏?對自己的作品滿意嗎?有什麼特別的想法或創意?
3. 團隊合作能力：在團隊創作過程中,你覺得與組員的合作如何?你們是如何分工和溝通的?

PART *2*

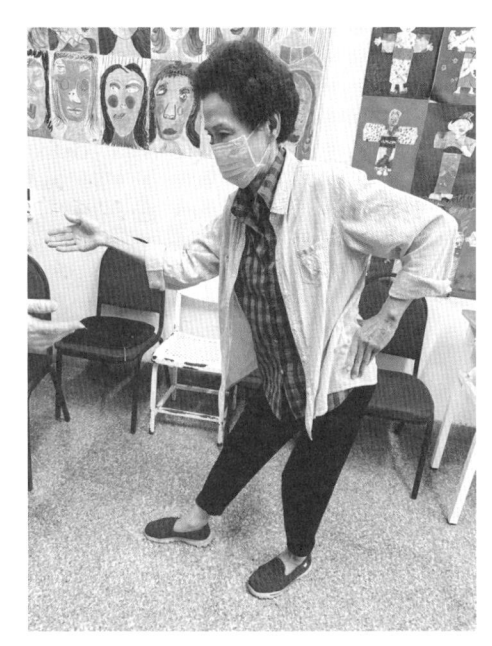

高齡表達性藝術創作教學單元設計

◎猜猜是什麼？

◎長輩展示他們的團體雕塑

視覺新發現

活動時間：90分鐘

教學目標： ・培養多角度思維。　・激發創意與表達能力。
　　　　　　・掌握基礎手機拍照知識。

- 準備材料：有照相功能的手機、數位相機。
- 準備音樂：預備合適的音樂。

暖身活動

活動前，先告知長輩，只需要採取自己覺得有意思的角度，不要在意作品的結果。

1. 長輩圍成一個圓圈，一邊聽音樂，一邊傳遞有照相功能的手機（或是相機）。
2. 傳完一次，讓長輩熟悉傳接的速度。
3. 音樂響起，再順著圓圈傳遞相機，音樂停止時，手拿相機的長輩，需要在不離開座位的情況下，拍下一張照片。
4. 長輩拍完照片後，再繼續播放音樂，重複第3項的活動。
5. 視情況，讓在場所有的長輩都能拍到照片，或是限制拍照人數。

你可以這樣說

1. 我們今天的活動跟手機拍照有關，大家都會用手機拍照嗎？都拍什麼東西呢？
2. 今天我們要做攝影師，拍照創作。同時學習一些簡單的拍照方式。
3. 我們先圍成一個圓圈坐好。
4. 等一下，我們會一邊聽音樂，一邊傳遞這個有照相功能的手機（或者相機）。
5. 大家先熟悉一下傳接的速度，現在我們就開始傳手機。（伴隨音樂聲，傳遞手機）
6. 這樣大家瞭解傳遞的方式了。
7. 接下來，我會放音樂，當音樂響起時，請大家繼續順著圓圈傳遞相機。
8. 當音樂停止時，手上拿著相機的長輩，要拍下一張照片。
9. 拍完照片後，我們會繼續播放音樂，繼續傳遞相機。
10. 拍照的人不離開位置，但是可以伸長手，轉到背後或是旁邊，或是彎下腰……拍下一張照片。
11. 只需要選擇自己覺得有意思的角度來拍照，不要太在意作品的結果，我們重點是突然拿到手機，拍下照片的這個有趣過程。
12. 好，現在我們開始吧！（視情況調整活動時間）

創作過程(一)

給予長輩基礎的手機拍照（相機）知識。

1. 對焦：指導長輩點擊屏幕上的特定區域來對焦，確保拍攝對象清晰。
2. 黃金分割與九宮格：介紹九宮格構圖法，讓長輩將拍攝對象放置在九宮格的交叉點上，以達到更好的構圖效果。
3. 水平線：指導長輩保持手機水平，避免照片出現歪斜。
4. 查看照片：指導長輩如何在相簿中查看剛拍攝的照片。
5. 刪除照片：指導長輩如何刪除不需要的照片。

你可以這樣說

1. 在我們進行下一個活動前，我們先來認識基礎的手機拍照知識。
2. 首先是對焦。當你準備拍照時，先點擊手機螢幕，你要拍照的主角，再按下拍攝鍵。這樣可以對這個東西進行對焦，讓拍攝對象是清楚的。
3. 大家試一下，拍照時有對焦跟沒有對焦，有什麼不同。（給長輩五至十分鐘時間，嘗試拍照對焦功能）
4. 接下來，我們來學習一個簡單的構圖方法，叫做「黃金分割」。
5. 當你拍照時，螢幕上會出現一個九宮格，請試著將你想拍的

主體放在九宮格的交叉點上,這樣可以讓照片的構圖更好看。

6. 也可以利用格線,放在左邊或右邊1/3或是中間2/3的位置,都會讓我們拍出來的照片更有意思。

7. 首先我們要打開九宮格。

8. 這個部分需要帶領者先熟悉Iphone跟Android系統,打開九宮格的方式,長輩的手機多數沒有打開九宮格。(給長輩五至十分鐘時間,運用九宮格拍照)

9. 還有一點很重要,就是要保持水平。拍照的時候,記得讓手機保持水平,這樣拍出的照片就不會歪掉。

10. 有時候我們會手抖,可以讓手靠著牆或是靠著什麼東西,比較好保持平衡。

11. 當我們拍完照片後,可以進行查看。請大家打開相簿,找到剛剛拍的照片,是不是都能夠找到呢?

12. 大家知道怎麼打開相簿嗎?(協助有遇到問題的長輩)

13. 如果你覺得某些照片不需要了,我們可以進行刪除。打開相簿,選擇你想刪除的照片,然後點擊刪除。

14. 大家可以試著操作一下,有任何問題可以問我。(給長輩五至十分鐘時間,整理相簿)

創作過程(二)

1. 事先準備幾個物件(最好是每個面有不同造型或色彩變化的)。

2. 以每組四至六人為限，圍繞在一個物件，請長輩以不同的角度拍攝二十張照片。

3. 請長輩蹲下或是在高處拍照時，要小心自己的身體狀態。

4. 拍完後，請長輩檢查是否有相似的角度，若有相似角度，請刪除，再拍攝一次。

你可以這樣說

1. 接下來我們會有拍照活動。

2. 我準備了幾個有趣的東西，我們要幫這些東西拍照。（展示準備的物件，盆栽、椅子、有插花的花瓶……）

3. 我們六個人一組，避免一個東西太多人拍照，太擁擠。

4. 我們一般拍照都是拍正面或是側面，但是一個東西其實有很多不同的面，有從下往上、正側邊、側邊再過去一點，有很多不同角度。

5. 我們要找到二十個不同角度來做拍攝。

6. 拍攝時要注意安全，小心地蹲下或者站穩再拍照。

7. 不知道大家有問題嗎？

8. 沒有問題，大家可以拍照囉！（帶領者巡視活動現場，協助有需要的長輩）

9. 大家都完成了嗎？都有拍到二十個不同角度了嗎？

10. 請大家整理一下照片，如果發現有相似的角度，也就是兩張照片看起來差不多，那我們就把相似的照片刪除，再拍一個新的角度。

11. 盡量讓每一張照片的角度都不一樣。

觀察評估

1. 相機操作能力：長輩在拍照時，是否能正確使用相機功能，拍出清晰的照片。
2. 問題解決與應變能力：長輩在拍攝過程中遇到困難時的反應和解決方法。
3. 對基礎手機拍照知識的掌握：長輩是否能正確地使用對焦、構圖等基礎拍照知識。
4. 身體狀況與安全意識：是否能根據身體狀況，避免危險姿勢和動作。

分享和討論

1. 音樂與傳遞相機的體驗：暖身活動時，在不離開位置的情況下，你是如何選擇拍攝角度的？
2. 照片的品質與技巧：在拍攝過程中，有遇到過哪些困難？如何解決呢？對焦和構圖的知識對拍攝有幫助嗎？
3. 作品展示與反饋：請長輩展示自己拍攝的照片，並說說為什麼選擇這個角度，以及拍攝過程中的想法。
4. 多角度思維：我們常用習慣的視角看事情，但在拍攝過程中，嘗試從不同角度觀察，是否讓你對事情有了新的見解？

◎擺放一個場景,讓長輩拍照,也是可行的方式。

◎倘若有戶外場地,拍攝樹木花草也是一個選擇。

情緒鏡頭探索

活動時間：90分鐘

教學目標：
- 促進情感表達和創意。
- 提升自我表達和自信心。

● 準備材料：有照相功能的手機、數位相機。

暖身活動

1. 每位長輩都需要有一個可以拍照的手機（或是相機）。
2. 與長輩們確認基礎的手機拍照知識，包括對焦、構圖和查看照片等。
3. 帶領長輩們進行一段十至十五分鐘的散步或在室內的探索活動，鼓勵他們拍攝吸引他們的事物或景象。
4. 回到室內後，請長輩整理拍攝的照片，選出五張有意思的照片，與大家分享。
5. 請長輩分享他們的照片，並描述為什麼選擇這些照片以及它們背後的故事。

你可以這樣說

1. 今天我們要帶著手機去散步。平常大家散步時，會帶手機嗎？帶手機就可以把我們覺得美，或是吸引我們眼睛的東西，拍照下來。

2. 在開始之前，我們先來確認一下大家對於手機拍照的基礎知識。

3. 首先是對焦，請大家記住，當你們在拍照時，可以點擊屏幕上，你要拍照的主角，再按下拍攝鍵，這樣可以確保你們拍攝的對象是清楚的。

4. 構圖，我們可以利用九宮格構圖法，把拍攝對象放在九宮格的交叉點上，這樣拍出來的照片會更賞心悅目。

5. 最後，拍完照片後，大家可以進入相簿查看剛剛拍的照片，也可以刪除那些不需要的照片。

6. 這些基礎的功能，大家都知道嗎？

7. 我們現在要在這個範圍內散步，大約有十五分鐘的時間。

8. 這段時間內，大家可以隨意拍攝你們覺得有趣或者吸引你們眼睛的事物或者景象。

9. 不用著急，慢慢地走，仔細觀察，拍攝你們想要記錄的畫面。

10. 好了，我們現在可以開始探索和拍攝了。（散步結束後，回到原本上課的位置）

11. 請大家整理一下你們剛剛拍的照片，從中選出五張你們認為最有意思的照片。等一下，我會邀請大家來分享，說說為什麼選擇這些照片、為什麼吸引你。

創作過程（兩人組合）

1. 跟長輩介紹六個基礎情緒：快樂、驚訝、恐懼、厭惡、憤怒及悲傷。
2. 請長輩根據這些情緒，去尋找能夠表達該情緒的物件或景象進行拍攝。像是看到鑰匙圈很開心，因為那是女兒送的。
3. 鼓勵長輩在拍攝後分享他們的作品，並深入探討他們的創作心得和心情。

你可以這樣說

1. 大家在進行散步拍照時，心情如何呢？
2. 現在我們要進行情緒拍攝活動。
3. 在開始之前，我先跟大家介紹六種基礎情緒，分別是快樂、驚訝、恐懼、厭惡、憤怒和悲傷。
4. 這些情緒每天都會出現在我們的生活中，大家也一定都經歷過。讓我們來看看它們是什麼樣的。
5. 首先，快樂。快樂是什麼呢？如果有顏色，快樂會是什麼顏色呢？快樂會是什麼形狀呢？
6. 再來說說驚訝。什麼時候會驚訝？驚訝會是什麼顏色呢？你有收過驚訝的禮物嗎？是什麼呢？
7. 恐懼。恐懼是當我們感到害怕或覺得不安全時的情緒。像是突然聽到打雷聲，或者看到一些讓你害怕的東西時，就會感到恐懼。什麼樣的東西可以代表恐懼呢？閃電？吶喊的臉？

8. 接下來我們來聊聊厭惡。厭惡也可以說是討厭，比如說，聞到一個很難聞的氣味，或者看到讓你反感的東西時，心裏就會感到厭惡。什麼動物會讓你想到厭惡這個情緒？毛毛蟲？蛇？

9. 憤怒，什麼是憤怒？你有過憤怒的經驗嗎？用一個東西來表現憤怒，會是什麼呢？一把火？刀子？

10. 最後是悲傷。想到什麼事情讓你感到悲傷呢？可以用什麼顏色來代表悲傷呢？（帶領者透過聊天的方式，鼓勵長輩分享。讓長輩都可以聊聊，他們對於每一個情緒的想法與觀察）

11. 我們這樣討論完，有沒有發現這些抽象的情緒都可以用顏色或是一個東西來代表。

12. 接下來，我們的挑戰來了。

13. 我要請大家根據這些情緒，去尋找能夠代表這些情緒的東西或景象，進行拍攝。例如，你看到鑰匙圈覺得很開心，因為那是你女兒送給你的禮物，就可以拍下鑰匙圈。

14. 我們一共要拍六張照片，代表六個不同的情緒。

15. 我們開始吧！（讓長輩進行拍攝，並提供需要的協助）

觀察評估

1. 技術指導和支持：觀察長輩在使用手機或相機拍攝時的技術熟悉度和需求，例如對焦、構圖、照片的清晰度等。
2. 情緒和興趣：觀察長輩在散步或探索過程中，對不同事物或景象的反應和興趣。
3. 表達能力和自信心：觀察長輩，在分享照片和描述背後故事時的表達能力和自信心。
4. 創作過程的參與度：長輩能否理解這些情緒，以及用象徵性的方式找到拍攝內容。

分享和討論

1. 探索的體驗：在散步或室內探索時的心情？什麼事物或景象特別吸引你拍攝？
2. 情緒的表達：在拍攝時，你感受到哪些情緒？這些情緒是如何呈現在作品中？
3. 照片的故事：分享照片的故事。

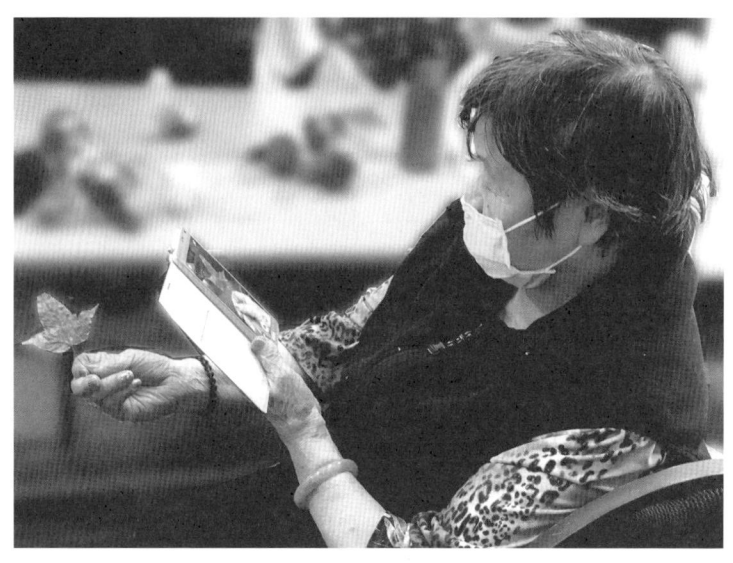

◎長輩可以在活動場地尋找適合表達的物件拍攝,自己的隨身物件也可以做拍攝主角,像是筆記本、鑰匙圈⋯⋯

◎長輩運用九宮格的構圖方式拍攝的照片。

呼吸中的心靈畫境

活動時間：90分鐘

教學目標：
- 促進身心放鬆。
- 激發創意。
- 增強自我表達能力。

● 準備材料：4開紙張、蠟筆

暖身活動

1. 手臂伸展：雙臂向上伸展，手指交叉，掌心向上，保持幾秒鐘後放下。
2. 肩膀活動：肩膀向前轉動幾次，再向後轉動幾次。
3. 腰部伸展：雙手放在腰部，慢慢向左右側彎，感受腰部的伸展。
4. 腿部活動：坐著或站著，抬起一條腿，伸直再放下，交替進行。
5. 腹式呼吸：吸氣時感覺橫膈膜下降，呼氣時感覺橫膈膜上升。吸氣憋住一秒再吐氣，吐氣時感覺放鬆。
6. 深呼吸幾次，讓身心放鬆，準備進入創作狀態。

你可以這樣說

1. 大家好，讓我們一起來做一些簡單的放鬆運動，幫助我們伸展身體，為接下來的創作活動做好準備。

2. 首先，我們來伸展手臂。請大家把雙臂向上伸展，手指交叉在一起，掌心向上。保持這個姿勢幾秒鐘，然後慢慢放下雙手。（重複動作幾次）

3. 接下來，我們來活動一下肩膀。先將肩膀向前轉動幾次，然後再向後轉動幾次。感受一下肩膀的放鬆。（重複動作幾次）

4. 現在來伸展腰部。請大家將雙手放在腰部，然後慢慢向左側彎。注意動作要輕柔，感受腰部的伸展。

5. 再向右邊側彎。（重複動作幾次）

6. 我們來做腿部活動。大家可以坐著（或站著），先抬起右腳，右腳大腿往上抬起，接著小腿往前伸直，再慢慢放下。兩隻腳交換進行這個動作，活動一下我們的腿部肌肉。（重複動作幾次）

7. 我們要結束身體的伸展了，我們都站好（或坐下），來進行腹式呼吸。吸氣的時候，感覺肚子鼓起，憋住一秒鐘再吐氣，吐氣的時候，感覺肚子縮小。（重複腹式呼吸幾次）

創作過程（暖身創作）

1. 帶領者分享活動理念：這是一個結合呼吸與創作的活動，呼吸會引導我們的動作和創意表達。
2. 閉上眼睛，深呼吸幾次，讓自己進入放鬆的狀態。
3. 吸氣時，選擇一個蠟筆色彩。吐氣時，畫出一條線或一個形狀。
4. 繼續這樣的創作方式，感受自由的創作。
5. 活動進行方式可坐可站。

你可以這樣說

1. 接下來，我們要讓創作與呼吸結合。
2. 呼吸不僅是讓我們放鬆的方式，也能引導我們的動作和創意表達。
3. 在這個創作，我們隨著呼吸來進行創作，讓自己澈底放鬆並自由地創作。
4. 現在請大家閉上眼睛，把注意力放在呼吸上。（讓大家自主呼吸調節幾次）
5. 現在打開眼睛。
6. 當你吸氣的時候，請選擇一個蠟筆的顏色。接著，當你吐氣的時候，就用這個顏色在紙上畫出一條線或者一個形狀。
7. 重複這樣進行創作，讓自己的呼吸引導你的動作，感受創作的自由和隨意。

> 8. 你可以坐著，也可以站著來進行，隨你喜歡。
> 9. 這是屬於你們自己的創作時間，讓呼吸和顏色帶領你們進入一個奇妙的世界。

創作過程（想像與繪畫）

1. 請長輩們想像一個讓他們感到「平靜的地方」或「喜愛的地方」。
2. 深呼吸，在冥想中，給予這個地方更多的細節。
3. 隨著呼吸的節奏，將這個場景畫下來。
4. 畫面不需要寫實，著重在感覺與氛圍。

> ### 你可以這樣說
>
> 1. 剛才進行完第一階段的創作，是覺得很放鬆還是很緊張呢？
> 2. 我知道有些人可能會擔心自己畫得不夠好，這是很自然的感受。
> 3. 但是今天的活動並不是要畫出一幅完美的作品，而是讓我們有機會去感受、去表達自己的內心。
> 4. 這是一場你們與自己的對話，不需要任何人來評價或批評。
> 5. 放下那些對自己的要求，隨心所欲地去畫吧！享受這個過程。
> 6. 現在請你們閉上眼睛，深吸，深吐。（重複幾次呼吸）

7. 請你們想一個讓你們感到平靜的地方,或者是一個你們非常喜愛的地方。
8. 這個地方可以是真實存在的,也可以是你們想像的一個世界。
9. 在每一次的呼吸,讓這個地方變得更加清晰,把它看得更清楚。
10. 試著給這個場景更多的細節,像是你們能看到什麼、聽到什麼、聞到什麼,甚至感受到什麼樣的溫度。
11. 我們輕輕地打開眼睛。
12. 請你們繼續隨著呼吸的節奏,慢慢地將這個場景畫下來。
13. 畫面不需要非常寫實,重點是你們的感覺和這個場景帶給你們的感受。(在說以上的句子時,速度要慢一些,每一段都可以停一下,再進行下一句)

觀察評估

1. **身體反應**:觀察長輩在進行身體伸展和呼吸練習時的反應和參與度。
2. **情感表達**:評估長輩在創作過程中,是否能自由地描繪,不擔心結果的好壞。
3. **自我表達**:觀察長輩在分享作品時的口語表達能力和自信心。

分享和討論

1. 身體感受與變化：在進行身體伸展和呼吸練習時，身體有什麼感受？有沒有發現自己身體的某些部位特別緊繃或需要更多伸展？
2. 呼吸與創作的聯繫：讓呼吸引導動作和繪畫時，有什麼樣的感受？
3. 平靜或喜愛的地方：在想像讓你感到「平靜的地方」或「喜愛的地方」時，你選擇了什麼樣的場景？為什麼？
4. 作品分享與互動：欣賞其他長輩的作品時，有什麼感受？有沒有發現一些特別吸引你或有共鳴的地方？

◎長輩描繪出自己的平靜之地。

◎描繪出喜愛的自然生活，扮演農地管理者，有花草相伴。

心靈皺紋之美

活動時間：90分鐘

教學目標：
- 促進自我接納。
- 提升審美能力。
- 表達情感和創意。

● 準備材料：1.暖身活動材料：為每個長輩準備一個葡萄乾、事先撿拾樹枝，不需要太大。
　　　　　　2.8K塑膠板、4K牛皮紙、雙面膠、壓克力顏料、壓克力畫筆。

暖身活動

1. 觀察葡萄乾的外貌，描述其皺紋和質感。
2. 嘗試感受葡萄乾在嘴巴中的觸感。
3. 討論：在我們的生活中，還有哪些東西有皺紋呢？例如包裝紙、樹幹以及我們身上的皺紋。

你可以這樣說

1. 好高興，看到大家來上課！能夠來上課代表大家都很健康，可以到外面走動。
2. 今天要請大家吃一個東西，就是「葡萄乾」。
3. 先用眼睛看一看，看到了什麼呢？
4. 有一條一條的紋路。

5. 放到嘴巴裏,用舌頭跟嘴裏的肌肉感覺一下,是什麼感覺呢?
6. 是粗的還是細的?還有哪些感覺呢?
7. 現在咬一咬,是不是甜甜的啊?
8. 再把它吃下去。這個有皺紋的葡萄乾,吃起來好吃嗎?
9. 在我們的生活中,還有哪些東西有皺紋啊?
10. 我們生活中有很多東西都有皺紋喔,像是包裝禮物的包裝紙,只要包過禮物就有皺紋了。
11. 還有大樹阿,請大家摸摸樹枝,有什麼感覺呢?
12. 還有我們身上的皺紋,是我們每天照鏡子、看自己的身體就會看到的。

介紹美的形式原理

1. 透過遊戲,介紹美的形式原理,包括形狀、色彩、線條等給人美感的因素。
2. 美的形式原理:反覆、對稱、對比、均衡、節奏、比例、統調。

你可以這樣說

1. 你們喜歡在身上、臉上出現的皺紋嗎？
2. 皺紋的形成也是有規則的喔，跟美的形式原理是一樣的。
3. 什麼是美的形式原理呢？
4. 就是形狀或色彩、線條，給人一種反覆、對稱、對比、均衡、節奏、比例、統調的感受。
5. 我們來玩個配對遊戲，這裏有一些圖，還有文字。請大家幫它們配合在一起。
6. 現在六個人一組，我會發給每一組圖片跟文字。（圖片在後面，可以影印使用）
7. 現在給大家五分鐘的時間。（活動約五分鐘時間）
8. 大家都完成了嗎？
9. 我們來看看答案。
10. 反覆在這個圖片裏，是圓形的形狀重覆的出現，給你什麼感覺呢？
11. 漸層以形狀來說，就是由大到小，或是由小到大。
12. 對稱就是中間有一條軸線，左邊圖形是右邊的相反。也有上下對稱的圖形喔！生活中有什麼東西是對稱的呢？
13. 最常見的蝴蝶，就是對稱的圖形。
14. 對比以形狀來說，就是大跟小。色彩也有對比色喔，像紅跟綠就是對比色。
15. 均衡，可以感覺左邊跟右邊是很平衡的，不會覺得一邊比較多、比較重，另一邊比較少、比較輕。

16. 節奏又叫做韻律，相同的色彩或形狀在一個規律的狀態中重複、交替出現。
17. 比例是在一個畫面之中，部分與部分之間的關係。
18. 著名的「黃金比例」就是方形中，長與寬之比為1:1.618便是最具美感的方形。
19. 統調也可以稱為統一，整個畫面有統一、和諧的感覺。

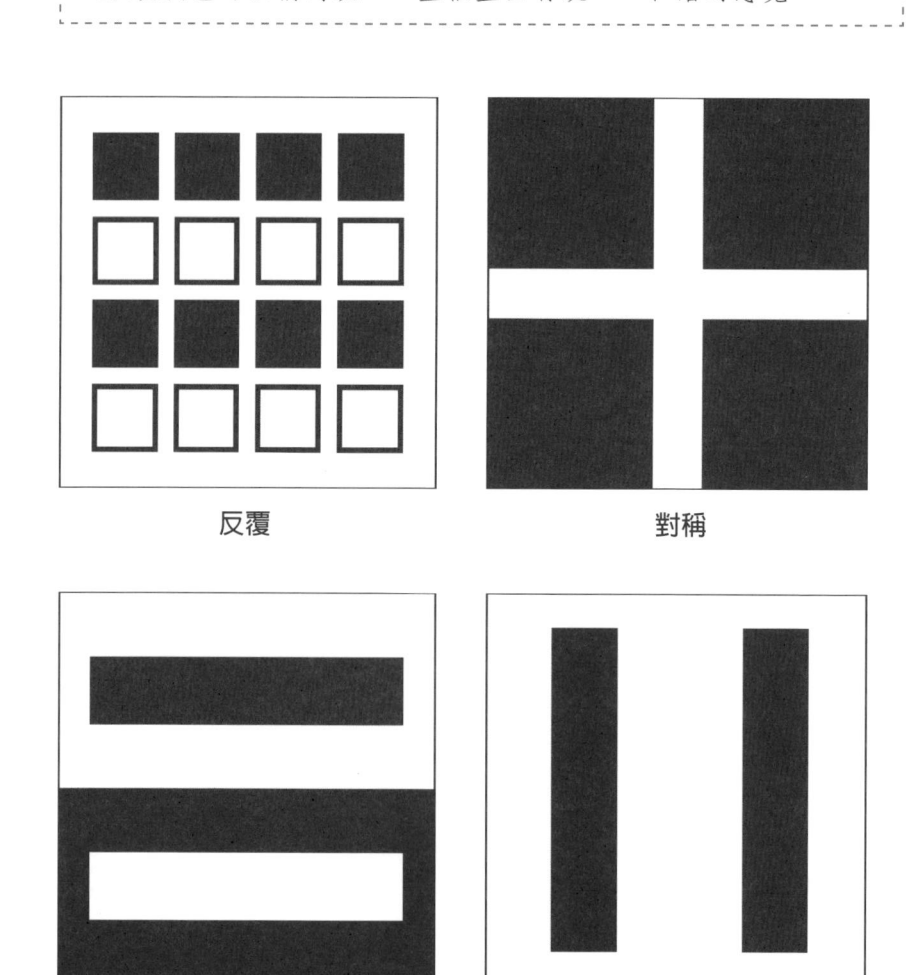

反覆

對稱

對比

均衡

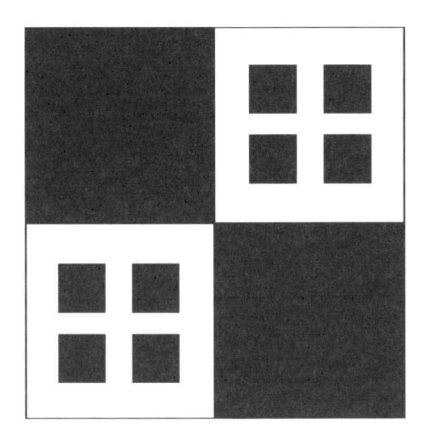

PART 2

高齡表達性藝術創作教學單元設計

比例 　　　　　　節奏

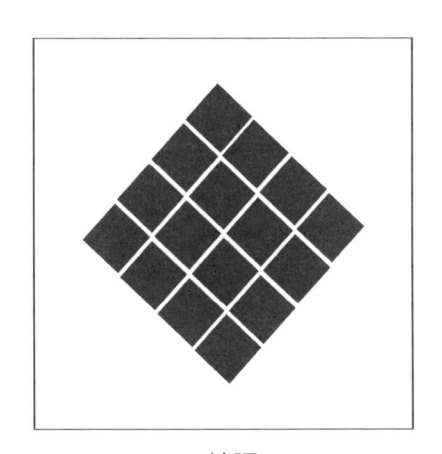

統調

觀察皺紋

1. 請長輩觀察生活中的皺紋是否符合這些美的形式原理。
2. 討論眼周的皺紋、抬頭紋等有哪些美的形式？例如眼周的皺紋有反覆、漸層、比例；抬頭紋有一條一條的，很有規則。你可以說它有秩序、反覆地出現，也像是有韻律般。
3. 觀察自身的皺紋，討論這些皺紋符合哪些美的形式原理。

你可以這樣說

1. 誒,那皺紋有符合這些美的形式原理嗎?
2. 我們一起來看看。
3. 眼周產生的皺紋,從眼尾擴散出去,有哪些美的形式呢?
4. 有反覆、比例。
5. 抬頭紋,這有什麼樣的規律呢?
6. 一條一條的,很有規則。你可以說它有秩序、反覆地出現,也像是有韻律般。
7. 沒想到我們的皺紋也符合美的原則吧!
8. 嘴巴周圍的皺紋,這裏皺紋出現的規則又是什麼呢?
9. 有對稱嗎?還是調和呢?
10. 是有節奏的,還是比例呢?
11. 從嘴巴的中間擴散出去的紋路,是每一條每一條間隔也是有規則的,有深皺紋也有有淺皺紋的變化。
12. 我們身體上的皺紋也是符合美的原則嗎?(請長輩觀察、分享他們的發現)

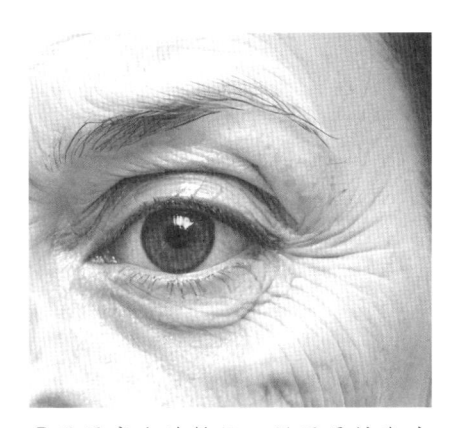

◎眼周產生的皺紋，從眼尾擴散出去。

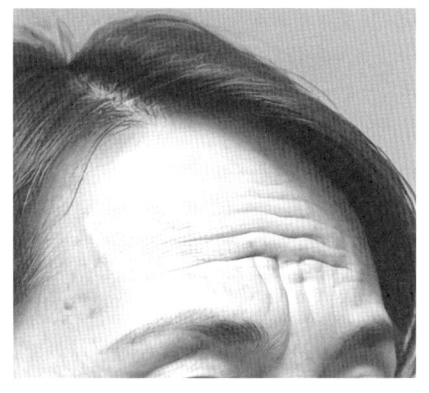

◎抬頭紋有秩序、反覆地出現，也像是有韻律般。

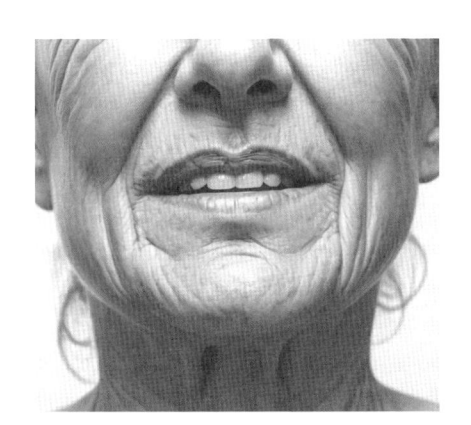

◎嘴巴周圍的皺紋，均衡、對稱地出現。

PART 2 高齡表達性藝術創作教學單元設計

創作過程

1. 介紹牛皮紙的特性,並準備好創作材料。
2. 請長輩思考想創作的皺紋類型,例如魚尾紋或抬頭紋。
3. 討論這些皺紋符合哪些美的形式原理,例如反覆或比例。
4. 將紙張摺出想要的皺紋,使用雙面膠固定在塑膠板上,形成一幅美的皺摺圖樣。
5. 思考並選擇適合的顏色,運用美的形式原理如漸層或對比來上色。

你可以這樣說

1. 今天我們要用手工的方式來製造皺紋,我已經準備了牛皮紙,有一點厚度,但是要摺、彎、凹,都沒有問題。
2. 想一想,你想做怎麼樣的皺紋呢?是像從眼尾擴散出去的魚尾紋嗎?還是抬頭紋?
3. 要符合什麼美的形式原理呢?是反覆嗎?還是比例呢?
4. 當然你也可以隨自己的喜歡,製作出皺褶、紋路的感覺。
5. 皺紋有動態紋跟靜態紋,靜態紋比較淺顯,可以扭曲紙張後,再攤平,就會看到細細的紋路。
6. 你可以重覆攤平再摺很多次,又會製造出不同的效果。
7. 動態紋比較清楚,可以讓紙張保持凸出,表現動態紋。
8. 摺好後,將紙張用雙面膠固定在塑膠板上。
9. 這樣我們每個人都有一幅美的皺摺圖樣。

10. 想一想，你可以為你的皺紋加上什麼顏色呢？
11. 運用美的形式原理的漸層，來上色嗎？還是對比呢？
12. 對你而言，皺紋是美的嗎？如果是美的，那麼哪些顏色也會是美的呢？
13. 還是皺紋是智慧的象徵？那又會是什麼色彩呢？
14. 利用色彩，將你對皺紋的感受畫出來。

觀察評估

1. 活動的接受度：觀察長輩對活動的整體接受度和反應，是否覺得活動有趣和有意義。
2. 目標達成度：長輩是否對皺紋的美感有更深的認識和欣賞？長輩是否能夠靈活運用美的形式原理進行創作，並通過藝術創作表達自己的想法？

分享和討論

1. 對皺紋的觀察與欣賞：你在日常生活中觀察到哪些有皺紋的事物？
2. 美的形式原理的應用：你選擇了哪些美的形式原理來表達皺紋的美感，為什麼？
3. 情感和自我接納：對於自己身上的皺紋有什麼看法？這次活動有改變看法嗎？

高齡表達性藝術活動設計與實務

◎有秩序、反覆地出現，還有放射狀的線條。

◎使用色彩詮釋對皺紋的感受。

◎不同抓皺的方式，製作出個別的皺紋。

我手畫我身

活動時間：60分鐘

教學目標： ・能覺察自己的情緒。
　　　　　・能順利表達當下內在的身心感受、情緒。

● 準備材料：1.每人一盒十二至二十色的粉蠟筆。
　　　　　　2.每人一張3:2比例的白色卡紙，以圓規鉛筆在中央畫一個大圓。
● 準備音樂：輕柔適合放鬆身體的音樂、節奏較明顯的音樂，例如《老鷹之歌》。

暖身活動

1. 雙手在胸前打開，手掌面向自己。
2. 雙手同時從小指開始往下壓，依序為無名指、中指、食指、拇指。
3. 最後拇指往下壓的同時，雙手同時往內翻掌，再用力向外張開手掌。
4. 五個手指必須如實地一一往下壓，手掌內翻旋轉時，要儘量輕柔地旋轉手腕。

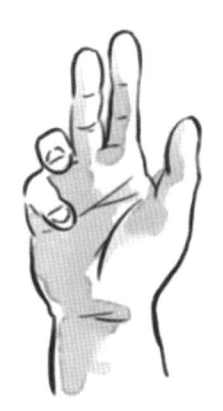

你可以這樣說

1. 現在我們一起來做一個手部的伸展活動。首先，請大家把雙手放在胸前打開，手掌面向自己。
2. 接著，我們要從小指開始，雙手同時往下壓。
3. 我們會依序進行，先是小指，再來是無名指、中指、食指，最後是拇指。
4. 每個手指都要如實地一一往下壓，不要忽略任何一根手指。
5. 壓下拇指的時候，雙手同時往外翻開。
6. 儘量輕柔地旋轉你的手腕，這樣才能達到更好的伸展效果。
7. 接著，用力向外張開手掌。
8. 我們一起重複幾次。

輕鬆搖擺

1. 播放輕柔音樂，引導長輩自由擺動身體。
2. 請長輩聆聽音樂的旋律，輕輕地閉上眼睛、放鬆地輕輕搖擺身體。
3. 請長輩感覺一下現在自己有什麼情緒。
4. 感覺身體往上或用力時以鼻子吸氣，感覺身體放鬆或往下時以嘴巴輕輕吐氣。

你可以這樣說

1. 請大家聆聽音樂的引導,輕輕地閉上眼睛,讓自己的身體放鬆,輕輕地搖擺。慢慢地,慢慢地,感覺自己的身體越來越放鬆。
2. 現在請大家感受一下自己現在的情緒。你感到喜悅嗎?還是輕鬆?去體會這段音樂,讓音樂來引導你的身體,感受這段音樂會讓你想要做出什麼樣的動作。自由地擺動,不用擔心。
3. 當你感覺身體往上或用力時,請用鼻子吸氣;當你感覺身體放鬆或往下時,請用嘴巴輕輕吐氣。
4. 讓我們隨著這個呼吸節奏,繼續放鬆和擺動。

身體律動與察覺

1. 引導學員隨著音樂,身體像彈簧一樣上下振動。
2. 兩腳腳板打開,踏實地站好,身體放輕鬆,隨著《老鷹之歌》音樂節拍,身體像彈簧一樣地上下振動;輕輕地閉上眼睛,隨著音樂節奏規律上下擺動身體,越來越放鬆。
3. 音樂結束後,引導學員慢慢地深呼吸二至三次,舒服地坐下來。

4. 邀請大家再次閉上眼睛，再次感覺此時此刻內在身體不同部位的感受。如果把身體分為上、中、下三個部位，這幾個地方現在有什麼不同的感覺呢？

你可以這樣說

1. 請兩隻腳打開，雙腳穩穩地踩在地板上，踏實地站好。放鬆身體，隨著《老鷹之歌》的音樂節拍，讓身體像彈簧一樣上下振動。
2. 輕輕地閉上眼睛，隨著音樂的節奏，上下擺動身體，感受自己越來越放鬆。

（當音樂結束後）

3. 請大家一起深呼吸，吸氣、吐氣，再吸、吐氣（慢慢地深呼吸兩至三次）
3. 現在請坐下。
4. 坐下後，請大家再次閉上眼睛，感受此時此刻身體不同部位的感受。
5. 把身體分為上、中、下三個部位，這幾個地方現在有什麼不同的感覺呢？

畫出身體的感受

1. 邀請學員打開粉蠟筆，選擇當下自己最喜歡的幾個顏色。
2. 簡單地將紙張上的圓分為上、中、下三個部分。上面部分代

表頭部的感覺；中間部分是身體軀幹部的感覺；下面的區塊代表兩腿的感受。

3. 請長輩用簡單的線條或幾何圖形，在圓中，畫出此時此刻身體頭部、軀幹部和兩腿的感受或情緒。

4. 作畫時間大約八至十分鐘。

你可以這樣說

1. 請大家打開粉蠟筆，選擇幾個你此刻最喜歡的顏色。
2. 接下來，我們會簡單地將紙張上的圓分為上、中、下三個部分。上面的部分代表此時此刻你頭部的感覺；中間部分代表你身體軀幹部分的感覺；下面的區塊則代表你現在兩腿的感受。
3. 請大家用簡單的線條或幾何圖形，在這個圓中，畫出你此時此刻頭部、軀幹和兩腿的不同感受或情緒。
4. 我們大約有八到十分鐘的時間來完成這個創作，請大家盡情發揮。

觀察評估

1. 動作控制：長輩在手指下壓與手掌翻轉時是否流暢、靈活有力？
2. 感受音樂與情緒的能力：在播放輕柔音樂的環節，觀察長輩能否隨著音樂的旋律擺動身體，並表現出放鬆地情緒。

3. 創作表達：在畫出身體感受的環節，長輩們能否嘗試用線條和圖形來表達當下的感受？當長輩表現出對於如何將感受，轉化在紙上創作有些不確定，需要帶領者提供更多鼓勵和支持。

分享和討論

1. 手部伸展活動的感受與挑戰：請長輩們分享，在手部伸展過程中的感受，例如哪個手指的伸展最為困難？哪個動作讓他們感到舒適或有挑戰？
2. 音樂引導放鬆地體驗：請長輩們描述，隨著音樂擺動身體時的感受，有沒有感覺到身體的放鬆？他們是否感受到情緒的變化？
3. 對心靈與身體的影響：請長輩們分享，這次活動是否幫助他們更好地連接身體與情緒？是否感受到內在的平靜或釋放？
4. 生活應用：如何將這些放鬆和創作技巧應用到日常生活中，幫助長輩在面對壓力或情緒波動時找到平衡與安定？

簡單的教材準備

3:2比例的圖畫紙或西卡紙最適合曼荼羅彩繪，在中央先畫一個淡淡的大圓線條，可以讓初學者心理安適、沒有壓力地創作。3:2的畫紙讓創作者可以在空白處為作品命名，甚至寫出當下身心的感受。

PART 2

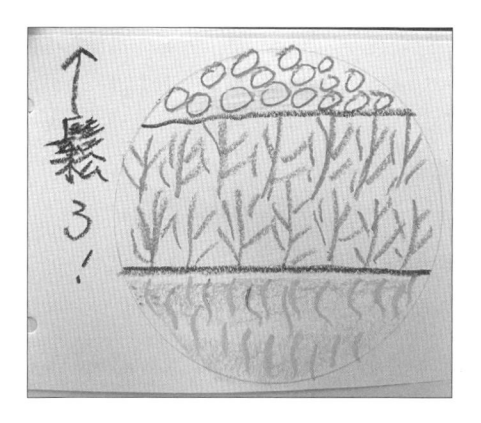

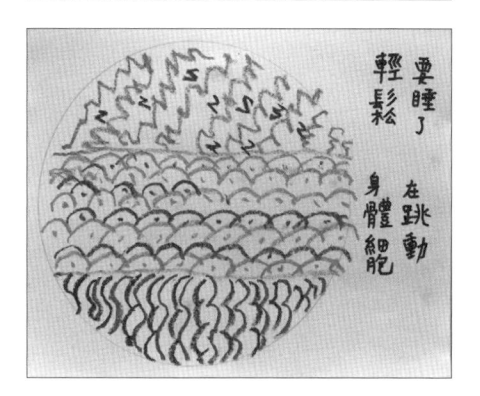

高齡表達性藝術創作教學單元設計

主題：鬆了

自我表達：全身律動的身體放鬆體驗後，長輩描繪出身體的感受，頭部以上放鬆了，還有一種泡泡的鬆弛感；胸腹身體有跳動感覺，像大地一樣很有生命力；腿部則是規律地擺動。

主題：我與大地

自我表達：全身律動後我覺得兩腿有力地踩在大地上；頭部清涼極了，讓我覺得心境平和；身體部分則是一種充滿能量的感覺。

主題：奇妙的身體感受

自我表達：頭部輕輕的感覺，想睡覺了；感覺身體的細胞還在跳動著；兩腿則是痠痠軟軟的感覺。

157

我手畫我心

活動時間：120分鐘

教學目標：
- 體驗心腦合一的感受。
- 表達個人當下內在的身心感受與情緒。
- 左右腦的平衡訓練。

●準備材料：1.學員每人準備一盒二十色的粉蠟筆、每人一張A3白紙、一張3:2比例的白色卡紙，以圓規鉛筆在中央畫一個大圓。

2.學員每人自備一條乾靜的粗布毛巾。

暖身活動

1. 共振擊掌：
   (1) 引導所有學員一起拍手，雙手的五個指頭與手掌相互拍打。
   (2) 慢慢引導學員傾聽其他夥伴的拍手頻率、力道。
   (3) 請學員閉上眼睛感受大家擊掌共振時的同一性。
   (4) 等大家能覺察、感受到擊掌共振時的同一性後，漸漸地降低拍手的力道，慢慢結束共振擊掌。

2. 手掌搓揉：
   (1) 學員自備一條乾淨、纖維較粗的毛巾。
   (2) 邀請學員用拇指和食指一起

搓揉毛巾十次，接著換拇指和中指一起搓揉，依次類推至拇指與小指。

(3) 接著兩手手掌一起搓揉毛巾的二側兩分鐘，並邀請學員閉上眼睛，享受手指律動的深度放鬆感覺，甚至有一種舒服的能量慢慢擴散到身體、腹部。這是一種非常棒的觸覺啟動，有助於情緒調適。

你可以這樣說

1. 現在請大家跟我一起拍手，讓兩隻手的五個指頭與手掌相互拍打。拍手的動作不要太快，我們慢慢來。
2. 我們注意一下其他夥伴的拍手頻率和力道。試著傾聽，感受我們拍手的節奏是不是一致的。（等大家拍手的速度、力道逐漸一致）
3. 現在請大家閉上眼睛，繼續拍手，感受一下這種共振的感覺。當我們的拍手頻率和力道一致時，會有一種同一性的感覺，大家能感受到嗎？（當大家的拍手共振聲音逐漸一致的時候）
4. 請大家改為慢速擊掌，放慢拍手的速度。

愛自己從舞動身體開始

1. 播放輕柔音樂，引導長輩自由擺動身體。
2. 請長輩聆聽音樂的旋律，輕輕地閉上眼睛，放鬆地輕輕搖擺

身體。

3.感覺當下的情緒,感受這個音樂讓身體做什麼樣的動作。

4.繼續播放輕柔音樂,引導長輩員進行吐納體驗、靜心。

5.隨著音樂以自己的頻率吐氣、吸氣,吐氣的時間比吸氣的時間稍為長一點。

你可以這樣說

1.我會播放一些輕柔的音樂,請大家隨著這個音樂自由地擺動身體。

2.聆聽音樂的旋律,讓我們的身體輕輕地、慢慢地隨著音樂搖擺。

3.閉上眼睛放鬆身體,讓身體隨著音樂自然地移動,沉醉在自己的世界裏。

4.現在請大家感覺一下自己的情緒。這個音樂讓你的身體想做什麼樣的動作?不用擔心對錯,自在地用身體動作表達自己的感受。

5.繼續播放音樂,我們來進行呼吸練習。請大家隨著音樂,吸氣再吐氣。用鼻子吸氣,然後用嘴巴輕輕地吐氣。

6.慢慢地,調整一下呼吸的頻率。吐氣的時間比吸氣的時間稍微長一點,隨著這樣的節奏,讓自己更放鬆。

雙側塗鴉心自由

1. 先用膠帶將A3紙張固定在學員桌面上，在A3紙的中央畫一條中央直線，想像中央有一面鏡子。
2. 邀請長輩打開蠟筆盒，選擇當下自己最喜歡的兩支淺色粉蠟筆。
3. 左右手各握住一個顏色的粉蠟筆，兩手同時、分別在紙張的兩側隨意地畫圓圈或各種線條。
4. 邀請長輩用「慣用手」帶著「非慣用手」，往同一個方向作畫，輕鬆、開心地塗鴉。
5. 接著換二種更深更濃的蠟筆，用「慣用手」帶著「非慣用手」，同時往中央畫圓圈或各種線條。
6. 從中央線往左右畫的圖形或線條，要儘量對稱展開。
7. 接著兩手同時往中央線兩邊外側對稱塗鴉。
8. 閉上眼睛、放輕鬆地塗鴉。
9. 最後，以「非慣用手」帶著「慣用手」，往同一個方向畫圖，再同時往中央線畫圓圈，最後再同時從中央線往二側塗鴉、畫圓或線條。
10. 感受此時此刻，內心自己的感受。

你可以這樣說

1. 現在每個人都有一張A3的紙。我用膠帶幫大家把紙張固定在桌面上，這樣紙張就不會移動了。

2. 接著，請大家在A3紙的中央畫一條直線。想像一下，這條線就是一面鏡子，鏡子的兩邊會反映出對稱的圖像。
3. 現在請大家打開蠟筆盒，選擇當下你最喜歡的兩個淺色粉蠟筆。
4. 左右手各握住一個顏色的粉蠟筆，現在我們要開始畫了。兩手同時、分別在紙張的兩側隨意地畫圓圈或線條。不需要拘束，隨心所欲地畫出你喜歡的形狀。
5. 接下來，用「慣用手」帶著「非慣用手」，往同一個方向作畫。也就是你平常寫字，最常使用的那隻手帶著另一隻手來創作。
6. 輕鬆、開心地塗鴉，讓你的手隨著你的心情走，不用太過於計較細節。
7. 現在我們換顏色比較深的蠟筆來畫畫。
8. 這次依然是用「慣用手」帶著「非慣用手」，不過我們要試著同時往中央的直線畫圓圈或各種線條。
9. 兩手所畫的圖形或線條，要儘量從中央線向左右對稱展開。
10. 現在讓我們閉上眼睛，放鬆地塗鴉，盡情享受這個過程。
11. 最後，我們再回到用「非慣用手」帶著「慣用手」，往同一個方向畫圖。
12. 然後同時往中央線畫圓圈，再同時從中央線往左右兩側塗鴉，畫出圓圈或各種線條。
13. 現在你有什麼樣的感受？透過這個活動獲得了什麼樣的心情變化？
14. 這是一個讓我們放鬆和表達自己的過程，希望大家都能從中感受到平靜和喜悅。

彩繪我的手

1. 發給學員每人一張3:2比例的白色圖畫或西卡紙（先以圓規鉛筆在中央畫一個大圓）；一盒二十色粉蠟筆。
2. 邀請大家回想今天參與共振擊掌、手指搓揉毛巾及雙側塗鴉後身心的感受。
3. 一邊回想、一邊選擇此時此刻最吸引內心的蠟筆顏色，以線條、曲線或幾何圖形，表達此時此刻內心或兩手所感受到的情緒張力。試著用線條、曲線、幾何圖形把它畫出來。
4. 作畫時間大約二十分鐘。
5. 大致畫完後，邀請學員為自己的圖畫命名，寫下一小段文字。完成命名以後，請學員註記作畫時間、作畫者名字。

你可以這樣說

1. 請大家先回想一下，今天在參與共振擊掌、手指搓揉毛巾或雙側塗鴉後，對哪些活動印象深刻？內心有什麼感受？
2. 當你在回想的時候，請選擇一個此時此刻最吸引你的蠟筆顏色。我們接下來要用線條、曲線或幾何圖形來表達這些感覺，將它們轉化為畫面。
3. 創作時間大約是二十分鐘。不用急著完成，可以慢慢地去感受和表達，讓情緒隨著筆尖流動到紙上。
4. 完成後，請大家為自己的圖畫命名。你可以寫下一小段文字來描述這幅畫代表的意思，或者你當下的感受。

> 5.最後，請大家在圖畫上寫下今天的時間，並且寫上你的名字。這幅畫就完成了。

觀察評估

1. 身體狀況：共振擊掌活動中的拍手動作和手掌搓揉活動中的手指操作，都表現出長輩在進行這些動作時，是否具有協調性和控制力。在慣用手和非慣用手的配合上，是否流暢？
2. 情緒狀態：長輩能否透過創作和反思過程來表達和釋放自己的情緒？

分享和討論

1. 雙手協調：進行雙手對稱塗鴉時，大家感受到左右手的協調度如何？哪一個環節對您來說最具挑戰性？
2. 顏色選擇與情緒表達：選擇的顏色代表了什麼樣的情緒或感受？為什麼這個顏色最吸引你？
3. 創作的意義：完成這幅畫後，有什麼樣的感受？這幅畫對你有什麼樣的意義？

PART 2

高齡表達性藝術創作教學單元設計

◎長輩雙手持不同顏色的彩色筆，同時向中央線畫圓；接著雙手同時向外畫圓。鼓勵長輩放鬆心情、雙手同時創作。

◎引導長輩以線條、曲線或幾何圖形，表達當下內心或兩手所感受到的情緒張力。有一位長輩表示：雙側塗鴉時，我發現自己的右手很想主導左手，因為我的慣用手是右手，右手很不容易跟隨左手的動作。應該是我太過努力了。

165

延伸閱讀

　　雙側塗鴉是非常好的心腦合一訓練與大腦放鬆訓練，即使有輕微認知功能障礙，只要意識清醒、身心可以放鬆，任何一位高齡者都能左右兩手一起自在塗鴉。雙測塗鴉一方面可以讓大腦產生共振，放鬆下來；一方面可以透過手部的動作，重新啟動大腦，啟動大腦的自我療癒機制。

　　但是，自我介線清楚、很難打開心門、很難主動與人溝通的長輩，塗鴉時常常無法鬆開潛意識之門，左手一直不願意跟隨右手隨意塗鴉，只是雙手分別在兩側畫些小圈圈。某些長輩甚至無法讓「非慣用手」帶著「慣用手」塗鴉，曾經有一位長輩以「非慣用手」帶著「慣用手」塗鴉時，邊畫邊哭，內心湧上一股委屈的感覺，讓她想起自己在當小媳婦過程中的種種委屈。

掌中力量的藝術綻放

活動時間：120分鐘

教學目標：
- 身心放鬆的練習。
- 大腦迴路體驗、提升平衡感。
- 人際互動與口語表達。

● 準備材料：
1. 每人一盒二十色的粉蠟筆。
2. 每人兩張A3大小的白色紙張
3. 準備一至兩個鉛筆圓規共同使用。
4. 每人兩至三張A4大小的色紙，以圓規鉛筆在中央先畫好一個大圓。
5. 每人兩個低磅數的泡棉握力練習器。
6. ∞字大腦迴路圖：可貼在牆上或白板上，只做為示範。認知功能輕微退化的長輩則可以直接在迴路圖上來回描繪。

● 準備音樂：輕柔適合放鬆身體的音樂

暖身活動

1. 手部張力訓練。

   (1) 選用寬約0.6公分的橡皮筋，套在兩手手指最後第一個和第二個指節中間。

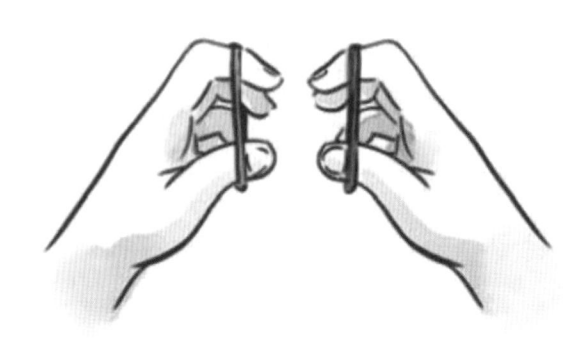

(2) 左右手五個手指指節
同時用力將橡皮筋撐
開,停留一秒鐘後,
再放鬆一秒鐘。
2. 手部握力練習:
(1) 使用低磅數的紅色的
泡棉握力器來練習。
(2) 左右手各兩回合。
3. 手指細細搓揉:
(1) 兩手同時以拇指依序搓揉食指、中指至小指。
(2) 再逆向搓揉。
(3) 最後輕鬆旋轉整個手掌。

你可以這樣說

今天我們要來做一些手部的張力訓練,這對我們的手部肌肉和靈活度都有很大的幫助。

首先，我們來做手指外張力訓練。我們會配合一些輕柔的音樂或歌曲來進行，讓我們在輕鬆的氛圍中鍛鍊雙手。

1. 橡皮筋訓練：

    (1) 請大家將橡皮筋，套在兩手手指的第一和第二個指節中間，像這樣子（帶領者示範）

    (2) 套好橡皮筋，左右手的五個手指同時將橡皮筋用力撐開。撐開的時候停留一秒鐘，然後再放鬆一秒鐘。

    (3) 我們配合音樂來進行，持續練習兩到三分鐘。放鬆地時候，感受一下手指的放鬆感。

    (4) 做完這個活動後，我們要來練練握力。握力是我們生命力的象徵，所以我們要多加鍛鍊！

2. 手部握力練習：

    (1) 每個人都有握力器了嗎？我們先來試試按壓的感覺。

    (2) 現在請大家用力按壓握力器，按壓一秒鐘，然後放鬆一秒鐘。這個動作至少要做二十次。

    (3) 接下來，我們來挑戰一下按壓兩秒鐘，放鬆兩秒鐘。

    (4) 這個動作同樣做二十次，持續兩個回合。

    (5) 接下來，我們要進行手指細細搓揉的練習，這個動作可以幫助我們放鬆手指的肌肉。

3. 手指搓揉：

    (1) 請大家用大拇指輕輕搓揉食指十下，然後換成搓揉中指、無名指，依次搓揉到小指。

    (2) 接著我們再逆向搓揉回去，從小指搓揉到食指，最後回到大拇指。

(3)完成後,請大家輕鬆地旋轉一下整個手掌,讓手指和手掌都得到充分的放鬆。

(4)這一系列的活動,有助於增強我們的手部力量和靈活度,希望大家都能從中獲益!

雙手∞字大腦迴路練習

1. 大腦迴路是把純粹的能量狀態具體化的圖示,當我們的腦處於安定且淨化狀態時,腦所呈現的能量也會形成一種規則的迴路。

2. 今天先以∞字迴圈進行(如圖)。將A3紙張,用膠帶固定在桌面上,在A3紙張中央畫一條淡淡的直線,想像中央的線是一面鏡子。兩手選擇顏色較淺的不同色筆雙手∞字大腦迴路練習。

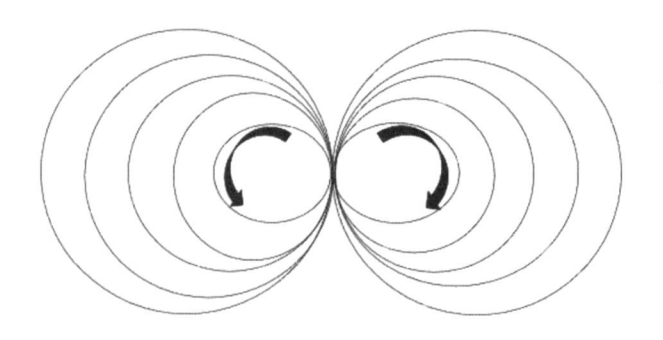

3. 同時從中央線的左右側開始向外畫圓,逐漸加大圓圈的直徑。

4. 接著兩手同時從外圈往中央線、往內畫圓,慢慢地逐漸縮小圓圈的直徑。

你可以這樣說

1. 我們要來進行雙手∞字大腦迴路練習，每個人都有一張紙跟兩隻筆。
2. 紙上有一條線，我們在線的左右邊找到一個點。
3. 開始向外畫圓，不斷重複地畫圓，向外拓展更大的圓圈。
4. 均勻地畫圓時，不要急，慢慢地畫，感受手動、心動的流暢性，感覺自己情緒的變化。試著閉上眼睛，感受這種身心能量的流動感覺。
5. 接下來，我們縮小圓圈的直徑，向內畫小圓圈。
6. 同樣感受畫圓的流動性。

單手∞字大腦迴路練習

1. 另取一張A3紙張，用膠帶固定在桌面上。一樣在紙張中央畫一條淡淡的直線，作為∞字大腦迴路的中央。
2. 採取站姿或坐姿，以單手在紙張上，由內而外，從小圈到大

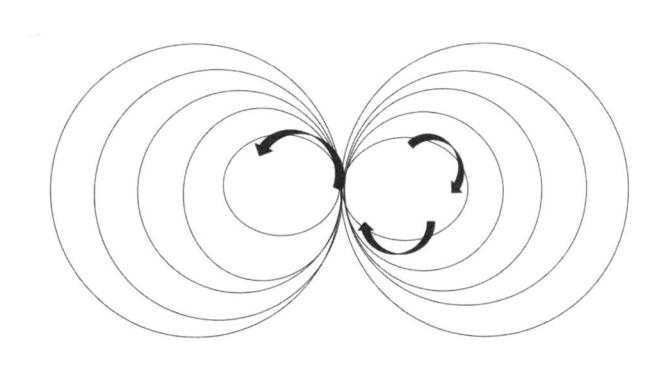

圈，持續順暢地畫出∞迴路。換一個顏色後繼續練習。

3. 接著試著以你的非慣用手在同一張紙張上，循著同一個路徑持續畫∞字大腦迴路。

你可以這樣說

1. 我們現在進行另一個畫無限大活動，也可以說是畫橫的8字。
2. 大家可以選擇站著或坐著，用一隻手畫8字，但是是橫的8字，也就是無限大的意思。
3. 注意8字的兩個圈，會分別在中央線的兩邊。
4. 我們先用慣用手來畫，持續流暢地畫出8字，直到你覺得足夠了為止。
5. 現在我們換另一隻手來畫，這隻手不是我們的慣用手，在畫的時候，大家可以感受一下有什麼不同。
6. 請一樣畫8字，持續地畫，直到你滿意覺得足夠了為止。

我的黃金花

1. 請長輩以∞字手法在大圓內畫出無數個花瓣，花瓣可以分開或相互重疊。
2. 先用淺色蠟筆創作，再用深色筆持續往上疊色，直到心裏覺得足夠、滿足了。
3. 接著由長輩決定是否在大圓內再畫一個小圓，並繼續用不同

顏色以∞字手法在小圓內畫出無數個花瓣。依此類推，可以在小圓內再畫一個更小的圓。

4. 在小圓內繼續畫出∞字，先用淺色蠟筆畫，再用深色筆持續往上疊色，直到心裏感覺放鬆為止。
5. 接著請長輩決定是否為每一個花瓣上色、畫上裝飾線條等。
6. 最後為今天的作品命名，並寫下自己的名字。

你可以這樣說

1. 剛才我們都有練習用無限大來畫圖了，現在我們要運用無限大來畫花。
2. 先用淺色的蠟筆畫，接著可以用深色蠟筆疊上去，讓花朵更豐富有層次。
3. 這時候我們可以用另外一個顏色，在大圓內畫一個小圓。
4. 在小圓內用無限大的符號來畫花瓣。同樣先用淺色蠟筆畫，再用深色筆往上疊色，一直畫到心裏感覺放鬆為止。
5. 完成的人，可以為花瓣著色，或者加上裝飾線條。
6. 都完成的，我們來幫畫作取一個名字，把它寫在旁邊並寫上你的名字。

黃金花的引導流程如下圖：

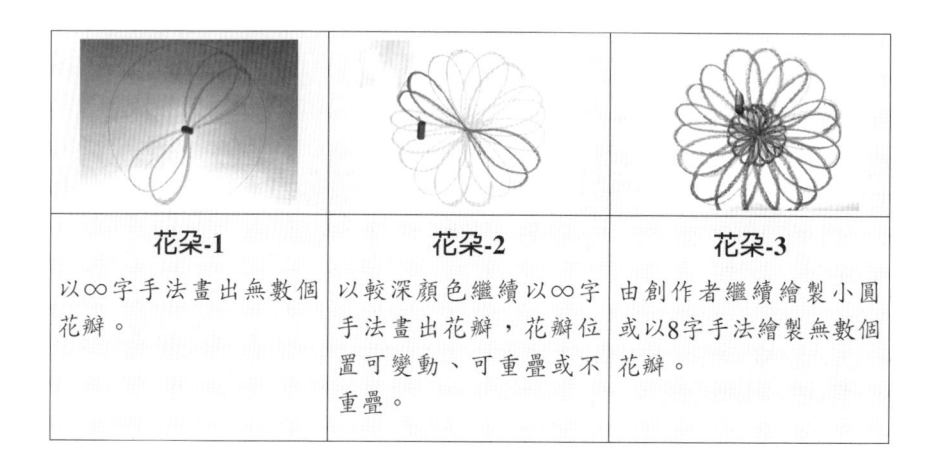

花朵-1	花朵-2	花朵-3
以∞字手法畫出無數個花瓣。	以較深顏色繼續以∞字手法畫出花瓣，花瓣位置可變動、可重疊或不重疊。	由創作者繼續繪製小圓或以8字手法繪製無數個花瓣。

觀察評估

1. 手部力量與協調性：有些長輩在撐開橡皮筋時，可能顯示出手指力量不足，特別是在持續二至三分鐘的練習過程中，手指可能會出現疲勞的跡象。
2. 握力表現：長輩在使用握力器時，觀察長輩的握力，是否出現疲勞或無力的情況。
3. 集中力與專注力：長輩在進行∞字練習時，是否顯示出專注力，能夠專心致志地進行繪畫。

分享和討論

1. 握力的提升：請長輩分享自己在按壓握力器時的感覺，是否感覺到握力有所提升，以及這種提升對日常生活的幫助。
2. 日常保健：探討以上練習是否可以作為日常保健的一部分，

像是如何在家中自主進行手指搓揉來保持手部健康。
3. 作品的意義與命名：長輩分享他們為作品命名的原因，探討作品背後的故事和意義。

主題：三重瓣花

自我表達：原來畫圖並不難，三重瓣花好雅緻、好美喔！今天真是開心。

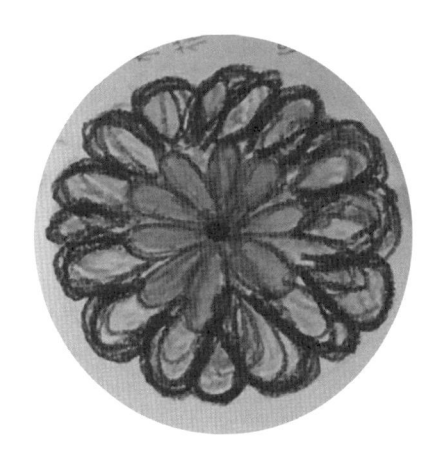

主題：芙蓉花

自我表達：畫這個花好漂亮，心裏感覺好舒服，就稱為芙蓉花啊！

延伸閱讀

　　第三波治療相信外在的情境、刺激都會改變我們的大腦，「大腦迴路」的描繪或持續塗鴉，都可以訓練我們的大腦。例如，當我們傷心或難過時，大腦會激動、發熱，嚴重時腦部會腫脹。此時，只需要專心地注視著腦迴路，或者在紙上反覆地畫「大腦迴路」圖，都會使我們的腦波逐漸轉為和諧的 α 波，使我們的大腦恢復為原本安定、和諧的狀態（Lee, 2008; 2016)。

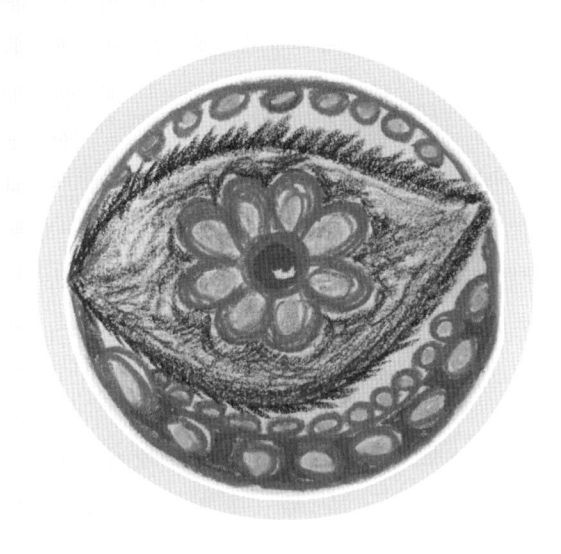

PART 3

可自由搭配的暖身小活動

設置我的正向心錨
共振擊掌
好鼻獅
如影隨形
觀想力量大
我的能量圖像
心盛在握
啟航之心　圓滿之情

無論是目前受到高度重視的正念、正念減壓（mindfulness-based stress reduction, MBSR）、心流經驗，都相信大腦的可塑性與穩定性；相信個人的情緒體驗、專注於當下的肢體律動、正向的觀想等，確實可以改變大腦的神經迴路，改變個人的信念。事實上，「自我覺察與情緒調適」是每個人一輩子都需要持續修習的功課。我們的心理能量會朝著我們專注的地方流動，無論我們把心靈焦點放在正面或負面的事情上，它都會毫無保留地放大這些事情的量能，同時在內心製造一個屬於我們自己的實相（摘自秦秀蘭，2016）。

　　第三部分共有八個小活動，每個活動都是非常容易引導、可自由搭配各類型教學的暖身活動或緩和活動，活動的時間也可以彈性調整。這些活動都可以協助高齡者提升專注力、有更好的自我覺察，並學習建構正向、豐盛的心理狀態。

　　1.設置我的正向心錨
　　2.共振擊掌
　　3.好鼻獅
　　4.如影隨形
　　5.觀想力量大
　　6.我的能量圖像
　　7.心盛在握
　　8.啓航之心　圓滿之情

設置我的正向心錨

活動時間：10分鐘

活動目標：
- 激發個體對肢體與情緒的察覺力。
- 開發個人情緒調適能力。

引導流程

1. 引導長輩閉上眼睛回想過去，一個有強烈的身體或情緒感受的時刻，例如充滿自信、成功、興奮的經驗，身體完全放鬆地經驗，或者家人朋友間相處的回憶。
2. 在長輩的感受達到高峰時，邀請長輩進行一個身體的印記（設置一個正向心錨）。例如雙手握拳，或拇指與食指輕捏在一起，也可以刻意將嘴角上揚。
3. 引導長輩張開眼睛，回到當下的環境。
4. 幾分鐘後，邀請長輩再次按下心錨，仔細感受該事件，當時的感受或畫面出現時，身心有什麼樣的感覺，腦中的圖像有哪些變化等等。

你可以這樣說

1. 今天我們要聊一個重要的主題，就是如何在日常生活中保持正向的心態，並學習設置我們自己的正向心錨。
2. 你們知道嗎？在每天的生活裏，多留意生活中發生的正向圖像，像是家人相處的美好時刻、讓你感覺快樂的事情，這些正向的圖像，不僅是美好的回憶，還可以讓我們的心靈變得更豐富。
3. 現在我要邀請大家輕輕閉上眼睛，讓嘴角輕輕往上揚，想像著自己和家人或朋友在森林中漫步著的情景。
4. 深深吸一口氣，空氣中有一股清新的味道，讓你不自覺地想更加靠近它。繼續往前走，耳邊聽到輕輕的鳥叫聲。隨著空氣越來越清涼，身體也有一種輕飄飄的感覺，於是不自覺地移動雙手，想把整個美景擁入懷裏。
5. 靜靜地享受這種感覺，把它放在心裏。同時將自己的雙手手掌輕輕地握在一起，告訴自己，需要的時候，隨時都可以再次擁有這種感覺。
6. 好！現在輕輕把手鬆開，請輕輕地搖動身體，讓自己轉換一下心情。張開眼睛和夥伴們聊聊。（分享感受兩至三分鐘）
7. 為了讓我們有更深刻的感受，邀請大家再次閉上眼睛，將雙手手掌輕輕握在一起，想像著在森林中漫步著的情景，呼吸清涼的空氣，輕輕讓嘴角上揚。
8. 打開眼睛。

9. 當我們面對生活中的困難或挑戰時，這些正向的心錨能幫助我們更好地調適情緒。
10. 所以，從今天開始，我們要刻意地去留意和記錄這些正向的時刻，把它們變成我們心靈的支持力量。

延伸閱讀

「心錨」是神經語言程式學（NLP）經常使用的一種技巧，我們在日常生活中也可以經常使用的。錨的設定能幫助我們建立習慣與行為模式、改變心情或心靈狀態，例如當我們處於心情愉快、感到非常快樂的時候，我們會不自覺地用力拍手，或者大聲喊出：「耶！」同時比出勝利的姿勢，都是正向心錨的使用。

共振擊掌

活動時間：10分鐘

活動目標：
- 激發參與者專注力。
- 培養傾聽的心胸。
- 激發大腦神經的連結。

引導流程

這個活動適合做為課程一開始的暖身，或者是較長時間靜態課程，學員出現疲憊神情的時候來進行。

1. 引導所有學員一起拍手，雙手的五個指頭與手掌相互拍打。
2. 慢慢引導學員傾聽其他夥伴的拍手頻率、力道。
3. 請學員閉上眼睛感受大家擊掌共振時的同一性。
4. 等大家能覺察、感受到擊掌共振時的同一性後，漸漸地降低拍手的力道，慢慢結束共振擊掌。

你可以這樣說

1. 現在請大家跟我一起拍手，讓兩隻手的五個指頭與手掌相互拍打。拍手的動作不要太快，我們慢慢來。
2. 我們注意一下其他夥伴的拍手頻率和力道。試著傾聽，感受我們拍手的節奏是不是一致的。（等大家拍手的速度、力道逐漸一致）
3. 現在請大家閉上眼睛，繼續拍手，感受一下這種共振的感

覺。當我們的拍手頻率和力道一致時,會有一種同一性的感覺,大家能感受到嗎?(當大家的拍手共振聲音逐漸一致的時候)

4. 請大家改為慢速擊掌,放慢拍手的速度。

5. 很好,現在深深吸氣,慢慢地吐氣,在擊掌過程中留意自己的呼吸。

6. 注意自己呼吸的速度,吐氣的時候要吐久一點,讓氣完全地吐出去。

7. 我們慢慢地降低拍手的力道,讓這個共振慢慢減弱,逐漸停止。

8. 我們仍然閉著眼睛,感受此時此刻整個空間裏共振的波動。吸氣、吐氣……。

9. 請大家雙手交疊(左手在上或右手在上都可以)放在腿上或丹田的位置,或者胸前。享受此時此刻的自己,仍然慢慢地吸、吐……。(大約三至五分鐘)

10. (學員一邊吐納、引導者一邊引導)共振擊掌是透過手掌相互拍打,引發我們大腦的和諧共振波。不僅可以體驗專注傾聽的美好感覺、打開身體的通道,讓個體的心理能量自然流動,更可以改善微循環、啟動大腦迴路,快速地提升我們身體的含氧量,激活大腦皮質細胞,激發心理能量的流動。(大約兩分鐘)

11. 現在請大家睜開眼睛,感覺如何呢?

延伸閱讀

　　透過身體的通道，個體的心理能量才能自然流動。我們的身體本來就有創造性的表達潛能，在創造性表達的同時會帶來某種可能性的開展。這個時候，如何進行身體辨識、選擇自我表達的媒介或載具等，格外的重要。例如，對於許多在中壯年期就已經罹患有帕金森症候群的人，如何能夠藉著肢體的開展，讓自己的肉體能夠與身體感受、心理覺知整合，讓個體的心理能量能夠專注於當下的身體細微變化，是很好的引導方式。無論從靜態的站姿或坐姿開始，專注地覺察身體上下，左右兩側的身體的細微變化，讓心理能量在身體順暢地流動，就是一種非常好的引導！

好鼻獅

活動時間：15-20分鐘

活動目標： ・激發參與者專注力。
　　　　　 ・增加人際互動。

● 空間與器材規劃：

1. 準備有節奏感的背景音樂。
2. 準備一些有香氣的軟球（或者小絲巾、可以用手持握的小物品）。

引導流程

1. 兩人一組快樂猜拳，猜贏的長輩扮演小獅子，準備參加「好鼻獅大賽」，輸的長輩扮演訓練師。
2. 訓練師將具有香氣的軟球（或者小絲巾、可以用手持握的小物品）握在手裏，引導小獅子做「好鼻獅」訓練。
3. 訓練過程可以安排一至兩位評審員，詳細記錄小獅子的表現。
4. 說明遊戲規則後，就播放音樂，開始小獅子的「好鼻獅」訓練。
5. 一首曲子後，可以交換角色，持續訓練，尋找嗅覺最棒的小獅子，以及默契最佳的好鼻獅訓練團隊。
6. 根據評審的觀察、紀錄，依照參與人數多寡選出二至四組默契最佳的好鼻獅訓練團隊，頒獎鼓勵。
7. 邀請夥伴分享遊戲過程中的參與心得、身心的感受。

你可以這樣說

1. 今天我們要來玩一個兩人一組的遊戲「好鼻獅大賽」，看看在我們當中，哪一位嗅覺最好喔！
2. 現在兩人一組，找到後，兩個人先猜拳，猜贏的先扮演小獅子，輸的夥伴扮演訓練師。
3. 今天我們幫每一位訓練師準備一個有香氣的紅色軟毛球，請訓練師利用這個紅色香球，做「好鼻獅」訓練。
4. 小獅子的鼻子要緊緊跟隨訓練師手中的香球，跟得越緊，訓練效果越好喔！訓練師可以自在地移動手中的小香球、讓小獅子跟隨，但是要留意小獅子的安全，不能讓他受傷喔！
5. 我們邀請兩位夥伴擔任我們的評審，這兩位評審要詳細記錄小獅子們的表現。（請評審員就位、準備音樂）
6. 大家都準備好了嗎？音樂一開始，就要開始「好鼻獅」訓練喔！（一個回合的訓練大約三至四分鐘，各組夥伴在身體互動過程中，帶領者要持續提醒：小獅子的鼻子要跟緊小香包喔！加油……，小天使要留意安全喔！音樂停止後，用力鼓掌鼓勵大家的參與）
7. 大家表現太棒了，無論訓練師、小獅子都好認真。我們再來練習一次好嗎？現在我們交換角色，小獅子現在要擔任訓練師！記得好好引導小獅子，讓小獅子來跟隨你手上的小香包。訓練師的移動速度、動作，要適當，不能太快喔！大家準備好了嗎？
8. 音樂請開始！（音樂停止後，用力鼓掌鼓勵大家的參與）

9. 這一次的小獅子們更棒了，我們邀請評審根據觀察紀錄，選出四組默契最佳的好鼻獅訓練團隊，頒獎鼓勵。
10. 小獅子的訓練很有趣吧！這是很棒的人際親密感遊戲，大家在互動過程中有什麼感受？我們請默契最佳的好鼻獅團隊和我們分享好嗎？（可依序邀請分享）

延伸閱讀

「人際親密感」是高齡者得以維持身心靈健康的關鍵因素，也是高齡者身心靈引導課程的基本課題。然而，一般性的課程很難觸及高齡者的親密感，更遑論親密感能力的激發與訓練。透過「體驗、體驗、再體驗」，才能鼓勵、引導高齡者打破自我框架，放鬆心情與他人互動；並在體驗過程中，真實覺察自己情緒的高低起伏。至於活動引導者的責任則是有技巧地引導參與長輩如實說出自己生理上、心理上以及情緒上的變化。

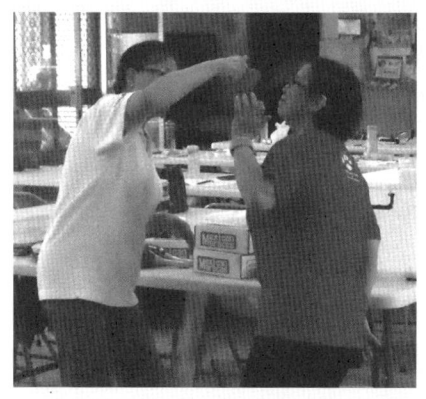

◎擔任訓練師的小天使以紅色小香包引導小獅子。

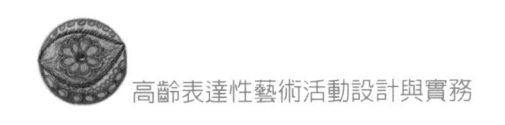

如影隨形

活動時間：10-15分鐘

活動目標：・激發專注與同理心。
・培養人際親密感。

● **活動教材場地規劃**
本活動需要較寬大的場所，也可以在戶外空間進行。

引導流程

1. 說明今天的體驗——如影隨形，是一種親密感體驗。
2. 邀請夥伴們兩個人一組，兩個人猜拳，猜贏的人當小主人，輸的人當小跟班。
3. 邀請擔任小主人的長輩，站到前面；小跟班緊緊跟隨在小主人的後面。兩個人之間只留一步的距離。
4. 小跟班要仔細地觀察小主人的所有動作，並且跟著小主人做這些動作。
5. 播放音樂後，小主人可以自在走動，甚至走到戶外空間。
6. 接著互換角色，再體驗一次。
7. 結束後兩人一起聊聊，也可以兩人一起與所有的參與夥伴分享。

你可以這樣說

1. 今天我們要進行的活動是如影隨形,這是一種同理心的體驗,也是人際親密感體驗。

2. 首先邀請夥伴們兩個人一組。

3. 兩個人先猜拳決定,誰當小主人,誰做小跟班。

4. 決定好了嗎?我要邀請擔任小主人的夥伴,站到前面;小跟班的夥伴排在小主人的後面。兩個人之間只留一步的距離就好。

5. 今天的遊戲要請小跟班張開眼睛、打開耳朵,仔細地觀察小主人的所有動作,並且如實地跟著小主人做這些動作,包括舉手投足,身體、手腳的移動方向,腳底踩地的方式等等。小跟班都要緊緊跟隨,依樣畫葫蘆地做出來喔!

6. 準備好了嗎?準備好了,音樂一下,小跟班就要如影隨形地跟隨小主人喔!小主人可以自在地走動,可以走到戶外的空間,沒有任何範圍的限制。(每一回合的時間大約三至四分鐘)

7. (音樂停止後)大家感覺如何呢?有沒有遇到困難呀?

8. 我們現在互換角色,再來體驗一次。(音樂下,大約三至四分鐘)

9. 我想邀請大家分享,請小跟班說說看,小主人的哪些動作是容易跟隨的?哪些動作是非常有趣的?哪些動作是根本沒辦法跟隨的?

10. 小主人也說說,被緊緊跟隨時有什麼感覺呢?跟隨別人時又有什麼感覺?需要留意什麼嗎?(可以兩人一組私下討論,也可以兩人一起與所有的參與夥伴分享,大約五分鐘)

延伸閱讀

　　鏡像神經元（mirror neuron）是個體把自身執行特定動作（運動神經的角色）與偵測他人之同一動作（感覺神經的角色）的兩種功能集合起來的特殊神經細胞。例如大人對著嬰兒做吐舌頭的動作時，嬰兒也會做出類似的動作。心理學家認為，我們很多心智能力，諸如：理解他人意圖、同理心、動作學習、語言、模仿、自我覺察等，都與鏡像神經元的功能有關。

觀想力量大

活動時間：20分鐘

活動目標：
- 提升個人情緒覺察與調適能力。
- 提升個人各種感官間的連結。

● 空間與器材規劃

1. 個別進行或兩人一組，每組約需一至二坪的空間，以免相互干擾。
2. 準備一些可以放置在地面上的隨身物或貼紙，供學員使用。

引導流程

1. 邀請長輩就所站的位置選擇一條直線，當作自己的體驗線。
2. 接著以三種不同的隨身物品（或貼紙），標示出原點、正面情緒和負面情緒。

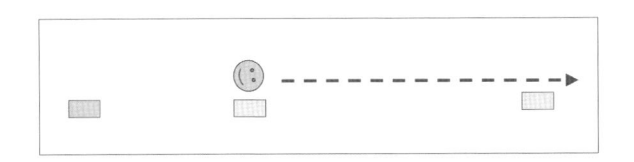

3. 邀請長輩站在原點的位置，身體面向正向情緒的方向（如圖），輕輕閉上眼睛，回想一個愉快、幸福或放鬆地記憶，並慢慢地走向它，每往前走一小步，身體的感受會越深刻，直到覺得足夠了，就可以停下來。此時，請體驗者設下一個正向的心錨，並在此停留兩至三秒鐘。
4. 接著請長輩往體驗線的右邊跨一小步，離開這條體驗線，回到教室情境，並分享體驗的感受。

你可以這樣說

1. 現在我要邀請一位長輩，選擇這個空間裏一條直線，作為自己的體驗線。（心裏的一條線）

2. 請你以這三種物品（或貼紙），標示出原點，還有正面情緒和負面情緒的位置。

3. 現在我要請你站在原點的位置，身體面向正向情緒的方向，輕輕地閉上眼睛，現在請慢慢吸氣、吐氣，讓身體放鬆，再一次吸氣、吐氣，更放鬆。

4. 請你想一件這幾天最快樂的事情……（停留幾秒鐘再繼續）並面向正向情緒的方向。

5. 這個快樂的影像就在你的面前，這個影像是這麼清晰……現在請你打開眼睛，慢慢地走向它，每往前走一小步，那種快樂的感覺就越來越明顯。慢慢走，慢慢地體會這種美好的感覺，一直往前走，直到你覺得足夠了……

6. 對，慢慢走，覺得夠了就可以停下來。現在，請你為自己設下一個正向的心錨，把拇指、食指和中指輕輕捏在一起，並刻意地把嘴角上揚、微笑。記住這一種甜美的肢體感覺，就像照相機一樣，把這幅美好的畫面「喀擦」一聲照下來。您可以在那裏停留一些時間，體會您身體每一個部分的不同的感覺。

7. 好，如果你覺得足夠了，請你往右邊跨一小步，離開這條體驗線，回到教室情境。同時把剛才所放置的三個物品撿起來，把你個人的體驗線收起來。（邀請幾位長輩參與）

8. 我想邀請幾位長輩分享剛剛走向正向情緒時，個人身體、心理上有什麼樣的感受？

團體方式

1. 兩人一組時，可以讓長輩選擇自己熟悉的夥伴，進行體驗。其中一人先開始，另一位仔細地觀察夥伴的神情並記錄下來，以便進行對話和分享。
2. 情緒體驗活動可以讓參與者先體驗正向情緒，再體驗負向情緒，但是為了開發參與者對肢體察覺的敏感度，鼓勵長輩多體驗正向情緒的美好感覺，提升個人的觀想能力，並建立各個感官間的良好連結。因此，初次練習者，建議只進行正向情緒的體驗，建立積極且正向的心錨，成為個人豐富心靈資源的一部分。

我的能量圖像

活動時間：20分鐘

活動目標：
- 提升觀想能力。
- 傾聽自己內在的聲音。
- 激發身體的動覺與觸覺。

● 教材

1. 每人一顆二十至二十四公分的瑜伽球、充氣八至九分滿。
2. 每人一盒十二至二十色粉蠟筆。
3. 每人一張A4的紙張或卡紙。

引導流程

1. 發給每位長輩一張卡紙、一盒粉蠟筆。
2. 請長輩用一個圖像來表示自己內在的一種力量。
3. 引導長輩討論這個圖像的內容、圖像與個人生活的關係等。
4. 發給每一個長輩一顆瑜伽球，邀請長輩跟隨音樂，以身體與瑜伽球親密互動，引發身體的放鬆、愉悅感。
5. 請長輩回想剛自己所彩繪的力量圖像，接著引導學員覺察此時身體與瑜伽球互動覺知的改變。

PART 3 可自由搭配的暖身小活動

你可以這樣說

1. 現在要邀請大家,用一個圖像來表示自己內在的一種力量。請你選擇不同顏色的蠟筆,在卡紙上畫出一個簡單的圖像。

2. 想想看,平常你覺得自己充滿力量的時候,是一種什麼圖像呢?也就是說,你在日常生活中是否覺得有一種力量在支撐著你?這是一種什麼樣的力量?你可以用一個什麼圖案來表達這股力量呢?

3. 這個圖像可以很簡單,也可以很複雜,大約一至兩分鐘以內完成就好。(大家都大致完成後)

4. 我們一起來想想,如果有人願意和我們分享你的圖案,也非常歡迎你喔:

    (1) 你覺得自己的力量是一種什麼樣的形狀?是什麼樣的顏色?

    (2) 這些圖像通常如何幫助你,或者曾經有過什麼樣的例子嗎?

    (3) 你通常是如何得到這樣的力量?

    (4) 有沒有什麼特殊時間或特殊情況,會讓你覺得自己特別擁有這種強大的力量?(接著發給每一個長輩一顆瑜伽球)

5. 請你將瑜伽球抱在胸前,隨著音樂,兩手從不同方向、不同的力道來按壓這個瑜伽球。隨著這首歌曲《愛就是惜》,你可以讓瑜伽球慢慢經過你的頸部、胸部、腹部等,用不同的力道按壓它,閉上眼睛感受瑜伽球與你身體的親密感,以及

195

相互抗衡的感受！大約一首歌的時間（大約三至四分鐘）。

6. (長輩一邊體驗) 接著我要邀請你，回想剛才彩繪的力量圖像，當你一邊想著這個圖像時，請你感受一下，現在瑜伽球在你身體上移動，或者你按壓瑜伽球的力道、感覺，有沒有改變？有什麼改變呢？

7. (體驗之後) 想邀請大家，分享這個活動給你的感受與想法。

PART 3

可自由搭配的暖身小活動

心盛在握

活動時間：20分鐘

活動目標： · 內在感受的自我表達。
　　　　　 · 傾聽自己內在的聲音。

● 教材

1. 每人一盒十二至二十色粉蠟筆。
2. 每人一張A4的紙張或卡紙。

引導流程

1. 發給每位學員一張A4大小的紙張、一盒粉蠟筆。
2. 請長輩畫出手掌。
3. 在手掌內畫出圖案或寫一句話。

你可以這樣說

1. 現在我要邀請大家在桌上的A4紙張上，畫出你自己的手掌。你可以把手放在紙張上直接描繪，也可以任意地畫出你認為自己手掌的樣子。
2. 畫完手掌後，請選擇你喜歡的彩色筆或粉蠟筆，在手掌裏面畫出一個你最喜歡、最能夠激勵人心的圖案或文字。也許是你最喜歡的一句話，也許是一個圖像，甚至是一個抽象的線條等。

197

3. 這個圖像或文字可以很簡單，也可以很複雜。請大家慢慢地來體驗，繪製的時間大約三至五分鐘。
4. 當你在繪製這些圖案的時候，如果你已經設置過正向心錨，你可以試著閉上眼睛啟動一個正向心錨，再試著把這個畫面用圖像或文字表達出來。（由於每一個人在彩繪時內心情緒方向都不一樣，在繪製的過程中，建議只播放輕柔的音樂，避免影響參與學員觀想內容或思緒）
5. （繪製體驗之後）如果您已完成創作，可以進一步在圖像的任何一個地方，寫下此時此刻內心的感受。
6. 在創作過程中，重要的不是「你畫了什麼」，而是「你表達了什麼」，所以你是否有什麼話想和我們分享呢？

引導者提醒

引導者要相信自己的聲音是最美的引導語，因為我們可以根據學員當下肢體、非語言的表情來調整我們的引導語速度、內容等等。

PART 3

可自由搭配的暖身小活動

啟航之心
圓滿之情

活動時間：15分鐘

活動目標：・覺察個人的身心狀態。
・自我表達與記錄。

●教材
1.每人一盒十二至二十色粉蠟筆。
2.每人一張A4紙張（或卡紙）。

引導流程

1.啓航之心：
   (1)請長輩選擇蠟筆盒中最喜歡的任何一或兩個顏色，用簡單的曲線或直線在紙張上畫出當下的心情。
   (2)接著把這張圖收起來。
2.圓滿之情：
   (1)在活動結束前，播放輕柔音樂，請大家閉上眼睛回想整個活動參與過程中內心溫暖或愉悅的感受。
   (2)引導長輩在這個溫暖或愉悅的畫面上做一個正向心錨。
   (3)請長輩張開眼睛，找尋一或兩個顏色，在A4紙張上，用曲線或直線畫出當下的心情或感受，大約在一至兩分鐘內完成。

(4)請長輩一邊彩繪一邊和自己的內心對話，也可以寫出內心的感受。

(5)如果時間允許，可邀請幾位長輩分享。

你可以這樣說

1.啟航之心：

(1)謝謝你把自己帶到這個場域，參與今天的活動。今天我們要在一起共學六小時，非常歡迎你。今天參與夥伴人數不少，很多人可能還不清楚，今天我們要一起參與的活動主題，也許心裏還有一些猶豫或紊亂等等，沒有關係的。

(2)在所有活動開始前，我想邀請你找到桌面上為你準備的一張卡紙，請你選擇桌上蠟筆盒中，此時此刻最喜歡的一個或兩個顏色的粉蠟筆，用任何簡單的曲線或直線在紙張上表達出您現在的心情。

(3)不需要思考，憑著直覺畫出來就可以了；這個曲線可以很簡單，也可以很複雜，但是請在一分鐘內完成。

(4)接著請你把它收起來。請大家把這個啟航之心的圖默默收起來，這是你自己的心情記錄，不需要與任何人分享。

2.圓滿之情：

(1)（在活動結束後，利用五至六分鐘來進行）今天我們在一起相處、共學了六個小時，在我們離開之前，邀請

PART 3

可自由搭配的暖身小活動

大家閉上眼睛、聽著音樂;回顧一下今天你在六小時的學習互動、用餐過程中,讓你感受最多、讓你心情最放鬆,或者最舒適、最感動的場景或畫面。邀請你把那個放鬆、愉快或感動的影像找回來。

(2) 沒錯,就是這個影像。我現在看到很多人嘴角上揚了,一定是想到剛剛一個開心的畫面。你甚至可以聽到這個畫面內的聲音(停頓一下),沒錯,就是這樣的感覺。

(3) 好好感受這個快樂、放鬆地畫面,接著請大家把你雙手的拇指、食指跟中指,分別輕輕地按在一起,做一個正向心錨。(停頓一下)設立心錨後,手指再放開。現在,只要你再次啟動心錨,將雙手的拇指、食指跟中指,分別輕輕地按在一起,你可以再次感受到這個舒適、輕鬆或愉快的畫面。

(4) 很好,接著邀請大家張開眼睛,用我們上午為你準備的卡紙的反面。看著你面前的粉蠟筆,找尋一或兩個顏色,用曲線或直線畫出你此時此刻的心情。這個曲線可以很簡單,也可以很複雜。請在一至兩分鐘內完成。(創作時間)

(5) 無論你畫出什麼圖案、顏色,都不需要和他人分享。靜靜地畫,很自然地和自己的內在對話:例如:「這些線條代表什麼?」、「這些線條或圖案反映出我哪些心情或感受呢?」(停頓一下)

(6) 在活動結束後,我要邀請大家靜靜地思考今天的「啟航之心、圓滿之情」所彩繪出來的顏色、圖案,是否如實

反映了你今天一天的參與心情?這些顏色、圖案,對你個人有什麼意義嗎?你也可以順手寫出內心的感受、給自己的鼓勵等等。(如果時間允許)

(7) 請一至兩位長輩分享自己的覺察或給自己的話。

參考文獻

一、中文部分

王唯工（2010）。《氣的樂章：氣與經絡的科學解釋，中醫與人體的和諧之舞》。臺北市：大塊。

朱惠瓊（2022）。〈藝術治療情緒認知轉換歷程與大腦結構的探討〉。《輔導季刊》，58(2)，55-70。

何長珠、賴慧峰、張美雲（2017）。〈曼荼羅繪畫治療之理論與實務〉。載於何長珠等著，《表達性藝術治療15講：悲傷諮商療藥》（頁85-112）。臺北市：五南。

吳明富（2019）。〈與「木工」相遇〉。載於吳明富主編，《從相遇到療癒》（頁1-47）。臺北市：張老師文化。

吳明富、徐玫玲（2016）。《藝術治療工作坊：媒材應用與創作指引》。臺北市：洪葉文化。

李宗芹（2018）。《動勢，舞蹈治療新觀點》。臺北市：心靈工坊。

周淑卿（2009）。〈借鏡於藝術的教學：與「藝術創作者／教師」的對話〉。《當代教育研究季刊》，17(2)，1-29。

林端容（2018）。《高齡者團體藝術治療：失智症的介入與預防活動手冊》。臺北市：五南。

林端容（2021）。《高齡藝術與預防失智症：藝術課程活動設計》。臺北市：五南。

洪敬倫（2021）。《憂鬱是因為你的大腦生病了》。臺北市：世茂。

秦秀蘭（2016）。《高齡心理諮商實務》。高雄市：巨流。

秦秀蘭、李瑋（2021）。《高齡者體適能活動設計與引導實務》。新北市：揚智文化。

陳瑄嬪（2016）。《彩繪曼荼羅降低老人焦慮程度之成效：以台灣南部地區為例》（未出版之碩士論文）。南華大學。

黃曉琪（2018）。《聽老人說「畫」：高齡者家庭繪畫中的生命故事與

自我認同》（未出版之碩士論文）。國立政治大學。

羅佩禎（2001）。《禪定腦電波之研究》。行政院國家科學委員會補助專題研究計畫成果報告。個別型計畫（NSC92－2218－E－009－010）（2001/08/01-2004/07/31）。

二、中譯書籍

Fincher, S.（1998）。《曼陀羅的創造天地：繪畫治療與自我探索》（游琬娟譯）。臺北市：生命潛能。

Jung, C. G.（2012）。《黃金之花的秘密：道教內丹學引論》（楊儒賓譯）。臺北市：商鼎數位。

Hinz, L. D.（2018）。《表達性治療連續系統》（金傳衍譯）。臺北市：洪葉。

稻盛和夫（2020）。《心。人生皆為自心映照》（吳乃慧譯）。臺北市：天下雜誌。

三、外文部分

Amanda, S. (2018). *Art Therapy and Body Image: Developing Positive Art Therapy Interventions for Adults with Body Image Concerns*. Ann Arbor: ProQuest Dissertations & Theses.

Amed, T, & Miller, B, L, (2003). Art and brain evolution. In Toomela, A. (ed.). *Cultural Guidance in the Development of the Human Mind* (pp. 87-93). Westport, CT: Ablex Publishing.

Behrndt, E., Straubmeier, M., SeidIP, H., Book, S., Graessel, E. & Luttenberger, K. (2017). The German day-care study: Multicomponent non-drug therapy for people with cognitive impairment in day-care centres supplemented with caregiver counselling (DeTaMAKS) -study protocol of a cluster-randomised controlled trial. *BMC Health Services Research, 17*: 492-518.

Benson, L., Ram, N., Almeida, D. M., Zautra, A. J. & Ong, A. D. (2018). Fusing biodiversity metrics into investigations of daily life: Illustrations and recommendations with emodiversity. *Journals of Gerontology: Psychological Sciences*, *73*(1), 75-86.

Betts, D. J. (2019). *Art Therapy Research: A Practical Guide*. New York, NY : Routledge.

Brann, A. (2015). *Make Your Brain Work: How to Maximize Your Efficiency, Productivity and Effectiveness*. London: Kogan Page.

Clarke. C. & Wolverson, E. (2016). Overview and ways forward for a positive psychology approach to dementia. In Clarke, C. & Wolverson, E. (eds.). *Positive Psychology Approaches to Dementia* (pp. 253-279). Jessica Kingsley Publishers.

Csikszentmihalyi, M. (1990). *Flow: The Psychology of Optimal Experience*. HARPER & ROW, PUBLISHERS, New York.

Csikszentmihalyi, M. (1999). Implications of a systems perspective for the study of creativity. In Sternberg, T. J. (ed.). *Handbook of Creativity* (pp. 313-338). New York: Cambridge University Press.

Csikszentmihalyi, M.(1997). *Finding Flow: The Psychology of Engagement with Everyday Life*. Basic Books: A Member of Perseus Books Group.

Dambrun, M. & Ricard, M. (2011). Self-centeredness and selflessness: A theory of self-based psychological functioning and its consequences for happiness. *Review of General Psychology*, *15*(2), 138-157.

Delahaye, B. L. & Ehrich, L. C. (2008). Complex learning preferences and older adults. *Educational Gerontology*, *34*(8), 662.

Depp, C. A. & Jeste, D. V. (2009). Deinicions and predictors of successful aging: A comprehensive review of larger quantitative studies. *Focus*, *7*(1), 137-150.

Dewar, B. & Nolan, M. (2013). Caring about caring: Developing a model to implement compassionate relationship centred care in an older people care setting. *International Journal of Nursing Studies*, *50*(9), 1247-1258.

Dichter, G. S., Sikich, L., Song, A., Voyvodic, J. & Bodfish, J. W. (2012). Functional neuroimaging of treatment effects in psychiatry: Methodological challenges and recommendations. *International Journal of Neuroscience*, *122*(9), 483-93.

Diener, E., Suh, E. M., Lucas, R. E. & Smith, H. L. (1999). Subjective well-being: Three decades of progress. *Psychological Bulletin*, *125*(2), 276-302.

Dunn, B. D., Widnall, E., Warbrick, L., Warner, D., Reed, N. & Price, A. (2023). Preliminary clinical and cost effectiveness of augmented depression therapy versus cognitive behavioural therapy for the treatment of anhedonic depression (ADepT): A single-centre, open-label, parallel-group, pilot, randomised, controlled trial. Tenth International Congress on Peer Review and Scientific Publication. https://www.thelancet.com/journals/eclinm/article/PIIS2589-5370(23)00261-4/fulltext

Dunn, B. D., Widnall, E., Reed, N., Taylor, R., Owens, C., Spencer, A. & Kuyken, W. (2019). Evaluating Augmented Depression Therapy (ADepT): Study protocol for a pilot randomised controlled trial. *Pilot and Feasibility Studies*, *5*, 63 doi: 10.1 186/s40814-019-0438-1

Eisner, E. W. (2002). *The Arts and the Creation of Mind*. New Haven, CT: Yale University Press.

Frank, S., Kullmann, S. & Veit, R. (2013). Food related processes in the insular cortex. *Frontiers in Human Neuroscience*, *7*, 499.

Goldman, L. (2004). Art therapy and Alzheimer's Disease: My mother's art. In Magniant, R. P. (eds.). *Art Therapy with Older Adults* (pp.201-223). Illinois: Charles C Thomas Publisher.

Grady, D. (2020). Self-portraits chronicle a descent into Alzhemer's. *New York Times* [Online]. Retrieved from: www.nytimes.com/2006/10/24/health/24alzh.html

Grossmann, I., Oakes, H. & Santos, H. C. (2019). Wise reasoning benefits from emodiversity, irrespective of emotional intensity. *Journal of Experimental Psychology: General*, *148*(5), 805-823. https://doi.org/10.1037/xge0000543

Hass-Cohen, N. & Findlay, J. C. (2015). *Art Therapy and the Neuroscience of Relationships, Creativity, and Resiliency: Skills and Practices*. W. W. Norton & Company.

Hayes, S. C. (2004). Acceptance and commitment therapy, relational frame theory, and the third wave of behavioral and cognitive therapies. *Behavior Therapy*, *35*, 638-665.

Hinz, L. (2009). *Expressive Therapies Continuum: A Framework for Using Art Therapy*. New York: Routledge.

Hirschmann, K. & Schlair, S. (2020). Relationship-Centered Care. In Sreeramoju, P., Weber, S., Snyder, A., Kirk, L., Reed, W. & Hardy-Decuir, B. (eds.) *The Patient and Health Care System: Perspectives on High-Quality Care*. Springer, Cham. https://doi.org/10.1007/978-3-030-46567-4_14

Huppert, F. (2005). Positive mental health in individuals and population. In Huppert, F. A., Baylis, N. & Keverne, B. (eds.). *The Science of Well-Being* (pp.307-342). Oxford University Press.

Kahl, K. G., Winter, L. & Schweiger, U. (2012). The third wave of cognitive behavioural therapies: What is new and what is effective? *Curr Opin Psychiatry*, *25*(6): 522-528. DOI: 10.1097/YCO.0b013e328358e531

Kaimal, G. (2019). Brain on art therapy-understanding the connections between facilitated visual self-expression, health, and well-being. In Contreras-Vidal, J., Robleto, D., Cruz-Garza, J., Azorín, J., Nam, C. (eds.). *Mobile Brain-Body Imaging and the Neuroscience of Art, Innovation and Creativity. Springer Series on Bio- and Neurosystems*, *10*, Springer, Cham. https://doi.org/10.1007/978-3-030-24326-5_13

Kaufman, S. B. (2015). The motions that make us more creative. *Harvard Business Review*. Retrieved from: https://hbr.org/2015/08/the-emotions-that-make-us-more-creative (2015/08/12)

Kellogg, J. (2002). *Mandala: Path of Beauty (3rd ed.)*. Clearwater, FL: ATMA.

Lee, I. (2008). *Brain Wave Vibration: Getting Back into the Rhythm of a Happy, Healthy Life*. Best Life Media.

Lee, I. (2016). *The Power Brain: Five Steps to Upgrading Your Brain Operating System*. Best Life Media.

Lusebrink, V. B. (2010). Assessment and therapeutic application of the Expressive Therapies Continuum: Implications for brain structures and functions. *Journal of the American Art Therapy Association*, *27*(4), 168-177.

Malchiodi, C. A. (2013). Introduction to art therapy in health care setting. In Malchiodi, C. A. (ed.). *Art Therapy and Health Care* (pp.1-12). The Guilford Press.

Marks, N. & Shah, H. (2005). A well-being manifesto for a flourishing society. In Huppert, F. A., Baylis, N. & Keverne, B. (eds.). *The Science of Well-Being* (pp.503-532). Oxford University Press.

Masuda, A. & Spencer, S. D. (2022). Advantages of third wave behavior therapies. In O'Donohue, W. & Masuda, A. (eds.). *Behavior Therapy*. Springer, Cham. https://doi.org/10.1007/978-3-031-11677-3_12

Matthew, S. & Judson, B. (2024). Beyond mindfulness. *Scientific American, 331* (1), 70-75.

McCracken, L. M. (2022). What Is Third Wave Behavior Therapy? In: O'Donohue, W. & Masuda, A. (eds.). *Behavior Therapy* (pp127–149). Springer, Cham. https://doi.org/10.1007/978-3-031-11677-3_6

Messman, K. (2004). Finding her wisdom: The creative journey of an older woman. In Magniant, Rebecca C. Perry (eds.). *Art Therapy with Older Adults* (pp.179-200). Illinois: Charles C Thomas Publisher.

Micallef-Trigona, B. (2018). *The Third Wave of CBT*. Retrieved from: https://

psychcentral.com/lib/the-third-wave-of-cbt/

Michalowski, J. (2024). Finding some stability in adaptable brains. McGovern Institute. Retrieved from: https://mcgovern.mit.edu/2024/09/05/finding-some-stability-in-adaptable-brains

Moon, B. L. (2016). *Art-Based Group Therapy : Theory and Practice*. Springfield, Illinois: Charles C. Thomas, Publisher Ltd.

Moss, R. (2007). *The Mandala of Being: Discovering the Power of Awareness*. New World Library.

Naji, B. & Ekhtiari, H. (2016). New generation of psychotherapies inspired by cognitive neuroscience development: Emergence of neurocognitive therapies. *Basic Clin Neurosci*, 7(3), 179-184. Doi: 10.15412/J.BCN.03070301

Neenan, M. & Dryden, W. (2015). *Cognitive behaviour Therapy: 100 Key Points and Techniques (2nd ed.)*. New York: Routledge.

Partridge, E. (2019). *Art Therapy with Older Adults*. London: Jessica Kingsley Publishers.

Pike, A. A. (2013). The effect of art therapy on cognitive performance among ethnically diverse older adults. *Journal of the American Art Therapy Association*, 30(4), 159-168.

Pike, A. A. (2014). *Improving Memory through Creativity*. London: Jessica Kingsley Publishers.

Quoidbach, J., Gruber, J., Mikolajczak, M., Kogan, A., Kotsou, I. & Norton, M. I. (2014). Emodiversity and the emotional ecosystem. *Journal of Experimental Psychology: General*, 143(6), 2057-2066.

Quoidbach, J., Mikolajczak, M., Gruber, J., Kotsou, I., Kogan, A. & Norton, M. I. (2018). Robust, replicable, and theoretically-grounded: A response to Brown and Coyne's (2017) commentary on the relationship between emodiversity and health. *Journal of Experimental Psychology: General*, 147(3), 451-458.

Rappaport, L. (2009). *Focusing-Oriented Art Therapy: Accessing the Body's Wisdom and Creative Intelligence*. London: Jessica Kingsley Publishers.

Rosal, M. L. (2018). *Cognitive-Behavioral Art Therapy: From Behaviorism to the Third Wave*. New York: Routledge.

Ruppert, J. & Jury, H. (2021). Negotiating evolution and change for the art therapy profession through co-production and partnership working. *International Journal of Art Therapy Formerly Inscape*, *26*(3),73-74.

Saunders, B. T., Richard, J. M., Janak, P. H. (2015). Contemporary approaches to neural circuit manipulation and mapping: Focus on reward and addiction. *Phil. Trans. R. Soc. B370*: 20140210. http://dx.doi.org/10.1098/rstb.2014.021

Schweitzer, L. & Stephenson, M. (2008). Charting the challenges and paradoxes of constructivism: A view from professional education. *Teaching in Higher Education*, *13*(5), 583-593.

Seligman, M. E. P. (2011). *Flourish: A Visionary New Understanding of Happiness and Well-Being*. Free Press.

Sheldon, K. M., Elliot, A. J., Kim, Y. & Kasser, T. (2001). What is satisfying about satisfying events? Testing 10 candidate psychological needs. *Journal of Personality and Social Psychology*, *80*(2), 325-339.

Suzanne, H. (2018). *Art Therapy and Emotion Regulation Problems: Theory and Workbook*. Cham: Springer International Publishing; Imprint: Palgrave Macmillan.

Wadeson, H. (2010). *Art Psychotherapy*. N.J.: John Wiley & Sons.

Weisberg R (2010) The study of creativity: From genius to cognitive science. *International Journal of Cultural Policy*, *16*(3), 235-253.

Werner-Seidler, A. & Dalgleish, T. (2016). The Method of Loci improves longer-term retention of self-affirming memories and facilitates access to mood-repairing memories in recurrent depression. *Clinical Psychological Science, 4*, 1065-1072.

Werner-Seidlera, A., Hitchcocka, C., Hammonda, E., Hilla, E., Goldena, A., Breakwella, L., Ramanac, R., Moorec, R. & Dalgleisha, T. (2020).Emotional complexity across the life story: Elevated negative emodiversity and diminished positive emodiversity in sufferers of recurrent depression. *Journal of Affective Disorders*, *273*, 106-112.

Willroth, E. C., Flett, J. A. M. & Mauss, I. B. (2019). Depressive symptoms and deficits reactive negative, positive, and within-emotion-category differentiation: A daily diary study. *Journal of Personality*, *1*, 11. doi: 10. 111 1 /jopy. 12475.

Zaidel, D. W. (2005). *Neuropsychology of Art: Neurological, Cognitive and Evolutionary Perspectives*. New York: Psychology Press.

四、網站資料

自由時報（2024）。〈超高齡社會來了！明年每5人有1人逾65歲 台師大提建議書〉。自由時報電子書（2024/08/12）。摘自：https://health.ltn.com.tw/article/breakingnews/4766117

張金堅（2024/02/20）。〈催產素在愛與幸福荷爾蒙中扮演的角色〉。取自：https://www.ctee.com.tw/news/20240220700473-431003

100 mandalas.com (2020)."The Great Round". Retrieved from：https://100mandalas.com/great-round/

IEATA (2024). https://www.ieata.org/

Mood Disorders Center of University of Exeter (2024). https://www.exeter.ac.uk/research/mooddisorders/research/currentprojects/adept/

Shelley Klammer Courses (2024). https://www.shelleyklammer.courses/

SOMArtFLOW (2020)."Expressive art therapy". Retrieved from：https://www.somartflow.com/34920369483426934899278353 0274-expressivearts.html

Third Wave Psychotherapy (2024). https://www.3rdwavetherapy.com/

國家圖書館出版品預行編目（CIP）資料

高齡表達性藝術活動設計與實務 = Senior expressive arts in theory and practice / 秦秀蘭, 劉霈真著. -- 初版. -- 新北市：揚智文化事業股份有限公司, 2024.11
  面； 公分. -- (社工叢書)

ISBN 978-986-298-437-6（平裝）

1.CST: 老人教育 2.CST: 教學方案

528.433   113015675

社工叢書

高齡表達性藝術活動設計與實務

作　　者／秦秀蘭、劉霈真
出　版　者／揚智文化事業股份有限公司
發　行　人／葉忠賢
總　編　輯／閻富萍
地　　址／新北市深坑區北深路三段258號8樓
電　　話／(02)8662-6826
傳　　真／(02)2664-7633
網　　址／http://www.ycrc.com.tw
E-mail　／service@ycrc.com.tw
ISBN　　／978-986-298-437-6
初版一刷／2024年11月
定　　價／新台幣350元

＊本書如有缺頁、破損、裝訂錯誤，請寄回更換＊